아산재단 연구총서 제469집

전통생태지식과 세대소통

지속가능발전을 위한 사회생태기억 탐구

전통생태지식과 세대소통: 지속가능발전을 위한 사회생태기억 탐구

This Edition was published by Jipmoondang in 2021, Seoul, Korea.

아산재단 연구총서 제469집

전통생태지식과 세대소통

지속가능발전을 위한 사회생태기억 탐구

김고운, 이도원

집문당

김고운(金고운) 캐나다 University of British Columbia 아시아학과 졸업
서울대학교 환경대학원 도시계획학 박사
현재 고려대학교 오정리질리언스연구원(OJERI) 연구교수

이도원(李道元) 서울대학교 식물학과 졸업
미국 버지니아공대 환경학 박사
현재 서울대학교 환경대학원 명예교수

아산재단 연구총서 제469집

전통생태지식과 세대소통

지속가능발전을 위한 사회생태기억 탐구

2021년 1월 10일 1판 1쇄

저자 | 김고운, 이도원
발행인 | 임동규
발행처 | **(주)집문당**
등록 | 1971. 3. 23. 제2012-000069호
주소 | 03134 서울시 종로구 돈화문로 82, 5층
전화 | +82-1811-7567
이메일 | sale@jipmoon.com
홈페이지 | www.jipmoon.com

ISBN 978-89-303-1892-1 94300
978-89-303-1500-5(세트)

가격 13,000원

머리말

다음 세대에게 우리가 전해야 할 것은 지속가능성에 대한 우려만이 아니다. 늦기 전에 걱정을 잠재울 새로운 길을 찾는 일이 시급하다. 특히 생태학자와 사회학자, 환경교육자들에겐 인류의 지속가능한 삶을 모색하는 시대적 사명이 안겨진 셈이다. 그러기 위해 지구 생태계와 구성요소들이 작동하는 방식을 이해하고 그것들과 다양한 관계를 원만하게 이끌기 위한 지식과 지혜를 준비해야 하겠다.

생태적 지식과 지혜는 불과 반세기 전만 해도 일상생활에서 흔히 발견되고 전승되었다. 그러나 사회와 환경의 빠른 변화와 함께 전통사회의 생태지식과 지역지식이 쇠퇴하는 현상이 나타났다. 다행히 일단의 사람들은 전통지식의 쓸모를 인식하고 발굴하는 동시에 다음 세대와 나누기 위한 연구를 시작했다. 이런 연구는 생태계와 인간 사회 변화의 역동성에 초점을 두는 사회-생태계 개념틀(social-ecological systems framework)을 마련하는 계기가 되었다(제1장).

우리의 탐구 주제는 일상생활에 깃든 생태지식이 오늘날 학문적·교육적으로 가지는 의미이다. 처음에는 기록에 남아 있는 생태지식과 그러한 지식을 반영하고 있는 전통 마을경관에 관심을 두었다. 나아가 지식과 경관을 포함하는 "한국의 전통생태지식(Korean Traditional Ecological Knowledge)"을 사회-생태계 개념틀과 시민과학(citizen science)의 관점에서 해석해보았다(제2장).

우리는 일상적인 "문화전승"이 전통생태지식과 경관의 진화와 사회의 지속가능성에 큰 역할을 했다는 사실을 확인했다. 몇 가지 궁금증이 생겼다. 오늘날 특히 핵가족화와 도시화로 위축된 문화전승을 북돋울 방법이 무엇일까? 시민과학에서 강조하는 "참여" 개념을 우리 연구에 접목할 길이 있을까? 또한, 지속가능성을 위한 노력의 일환으로 학생과 시민들의 생태적 참여를 의식적으로 계획하고 기회를 마련해보면 어떨까? 이러한 문제의식으로, 마을 경관과 지속가능성을 주제로 젊은 세대와 농어촌 마을 어르신들의 소통을 장려하고, 그 과정을 관찰하기로 했다. 이 관찰은 전통생태지식을 발굴하는 연구적 성과 외에도 사회생태기억(social-ecological memory)의 형성으로 장소성(place attachment) 등의 학습적 효과도 얻을 것으로 기대했다(제3장).

생태지식의 문화전승을 위한 교육 현장을 대상으로 하는 실험적 연구(제3장)를 토대로 우리는 대학의 정규 수업 과정에서 기존의 과학 수업이 가지는 한계를 극복할 수 있는 학습모형을 개발하고 그 결과를 정리해보았다(제4장). 전통생태지식은 경험적 지식(experiential knowledge)으로서 사회-생태계의 지속가능성에 중요한 역할을 하는 것으로 해외의 여러 선행 연구를 통해 알려진 바 있다. 지금까지 연구는 대체로 연구자가 직접 전통생태지식이 행해지고 있는 장소에 머물며 민속학적 방법으로 관찰하고 탐구한 내용을 바탕으로 주로 이루어졌다. 그러나 우리는 여러 해석 과정과 시도를 통해 전통생태지식과 학습, 환경교육을 통합하는 학습모형을 개발했다. 학습모형은 세대간 소통(intergenerational communication)뿐만 아니라 또래 집단과의 소통(intragenerational communication)도 장려하는 효과를 낳았다. 우리는 마지막으로 학습모형의 여러 결과를 지속가능발전 교육 담론으로 재해석해보았다(제5장).

어느 사회에서나 위기의식은 있을 수 있다. 그럴 때 소통과 참여는 위기를 기회로 바꾸는 데 큰 역할을 한다. 우리는 전통생태지식을 소재로 세대소통과 참여가 사회-생태계의 회복탄력성 자원으로서 어떤 역할을 하는지 살펴보았다. 우리나라에 만연한 도농 격차에 따른 세대 간의 괴리를 확인하고 대학의 과학 교육 방법의 한계를 회복탄력성과 환경교육의 담론 내에서 재구성한 이 책이 다양한 질문과 고민거리를 제공하기를 기대한다.

2021년 1월

김고운, 이도원

차 례

부 록 · 141

| 표 차례 |

| 그림 차례 |

제1장

들어가며

제1장 들어가며

오늘날의 생태 문제는 선형적이고 예측 가능한 복잡계적 사고방식(complicated systems thinking)을 넘어 복합계적 사고방식(complex systems thinking)을 요구한다(김고운 외 2015). 자연과 사람을 포함하는 생태계는 복합계로서 자기조직(autopoiesis)과 친교(communion), 분화(differentiation)라는 원리를 바탕으로 진화와 변모를 계속해왔다(Swimme and Berry, 1992). 따라서 복합계의 원리에 대한 이해를 바탕으로 생태계 작동 원리를 지각하며, 이를 거스르지 않는 지속가능한 방향으로 인류의 역사를 이끌어야 한다. 이를 위해서는 복합계적 사고방식의 학습이 선행되어야 한다. 여러 복합계 이론 중에서 환경·생태 문제를 체계론적 사고로 접근하는 사회-생태계적 접근 방법(social-ecological systems approach)을 살펴보자.

1. 사회-생태계적 접근

인구 증가와 급속한 산업 활동으로 심각해진 지구 환경 문제를 해결하기 위한 여러 시도가 있다. 관련 사회 현상을 분석하고 규제정책과 법으로 인간 활동이 환경에 끼치는 영향을 최소화하는 접근이 대표적 예라 할 수 있다. 또한 자연과 인간의 관계에 대한 새로운 사상과 실천 방법을 찾는 연구자들도 있다. 이를테면 철학과 사회학, 경제학 등 다양한 학문 분야에서 자연과 인간과의 관계에 대해 재조명한다. 자연을 인간의 스승이자 벗으로 삼고, 자연 친화적이며 생명을 존중하는 동양 사상을 근대과학의 한계를 극복하는 대안으로 기대하기도 한다. "인류세(anthropocene)"라는 용어는 이러한 변화를 잘 보여주는 좋은 예이다. 인류세는 지질학적으로도 인간이 지구 생태계에 가장 큰 영향을 주는 존재임을 적극적으로 인정하고 지속가능한 방향으로 나아가기 위한 다양한 방법을 모색하는 움직임을 대변한다. 생물학의 한 분야이던 생태학에서도 인간을 포함할 때 비로소 생태계의 구조와 기능을 제대로 이해할 수 있다는 시각과 연구가 늘어나고 있다.

그중 사회-생태계(social-ecological systems)나 인간-환경 연결계(coupled human-environment systems)는 자연과 인간 사이의 밀접한 관계를 무시하는 인간중심의 사고를 지양하고자 나온 개념이다. 이 개념은 오늘날의 짓궂은 난제(wicked problem)를 해결하려면 생태계와 인간 사회가 상호 영향을 주는 피드백(혹은 되먹임) 관계에 있다는 이해가 필수적이라는 깨달음에서 비롯되었다.

사회-생태계 안에서 본질적으로 인간은 자연의 혜택, 즉 생태계 서비스에 의존하고, 생태계는 다양한 인간 활동에 영향을 받는다(Chapin et al. 2009). 인간 사회와 생태계가 분리된 독립계가 아니라 긴밀한 관계를 통해 하나의 상위계가 된다. 이 상위계를 사회-생태계라 부르는 까닭은 물리적, 생태적, 사회적 과정에 자연과 인간이라는 두 하위계의 기능과 과정이 작동한다는 이해 때문이다(Westley et al. 2002). 그렇다면 왜 "생태-사회"가 아닌 "사회-생태"라고 하는 것일까? 여기엔 인간 사회가 생태계에 의존(depend on)하고, 생태계는 인간의 활동과 관리 방식에 의해 영향을 받는다는 관계를 표현하려는 의도가 들어 있다(Chapin et al. 2009).

사회-생태계 개념틀(Social-ecological systems framework)이 소개된 이후 국제적으로 많은 융합 연구 활동이 이어지고 있다. 이를테면 1999년에는 Resilience Alliance가 출범하여 세계 각 지역의 사회-생태계 구조와 지속가능성을 위한 회복탄력성(resilience) 연구를 활발히 진행하고 있다. 이 조직에서 발간하는 학술지 Ecology and Society는 사회-생태 시스템과 관련된 다양한 분야의 연구 결과를 공유하는 기회를 제공한다. 미국과학재단(National Science Foundation, NSF)은 2002년 "Long-term Ecological Research(LTER)"라는 장기 연구를 사회-생태계 개념들을 바탕으로 20년 동안 진행할 것임을 발표했고, 2007년에는 "Dynamics of Coupled Natural and Human Systems"라는 연구프로그램을 시작했다.

접근하는 분야에 따라 조금씩 다르게 정의하지만, 체계론적 접근 방법에서 현재까지 논의되고 있는 사회-생태계의 주요 요소와 특성은 비슷하다. 관련된 여러 주장을 종합하면 다음 4가지로 정의할 수 있다(Redman et al. 2004).

1. 회복탄력적이고 지속적인 방식으로 주기적인 상호작용을 하고 있는 생물물리적 요소와 사회적 요소로 구성된 시스템
2. 여러 시간적, 공간적, 조직적 규모로 정의되고 규모들이 위계적으로 연결되어 있는 시스템
3. 흐름(flow)과 사용이 생태·사회 시스템에 의해 조절되는 중요 자원의 집합

4. 지속적인 적응 능력을 갖춘, 영구히 역동적이며 복합적 (complex)인 시스템

이와 같이, 사회-생태계의 연구자들은 각 영역의 요소 간 상호작용과 시공간적 규모의 위계성, 자원에 대한 조절력, 역동성, 복합성, 적응력 등을 다룬다. 나아가 외부에서 가해지는 영향 요소인 외인성 제어(exogenous controls)에 대한 분석도 사회-생태계 연구에 포함한다 (Chapin et al. 2009). 인류의 미래는 변화하는 세계 속에서 사회-생태계가 무수한 외부 · 내부 영향 요인에 어떻게 적응해가며 시스템의 정체성을 지켜내고 있는가에 달려있기 때문이다. 격변하고 있는 오늘날의 세계경제시장, 금융시장 요동이나 기후변화에 따른 재해, 코로나와 같은 전염병의 교란(disturbance)도 사회-생태계 이해를 위한 연구 대상이다. 지속가능성을 위해서 교란에 어떻게 대처하고 이후의 재조직화 과정을 얼마만큼 효과적으로 관리할 것인가에 대한 논의가 필요하다.

2. 사회-생태계의 지속가능성

지속가능성 개념은 1987년 UN의 브룬틀란 보고서(Brundtland Report)로 불리는 『우리 공동의 미래』에 지속가능발전(sustainable development)이란 용어가 등장하며 주목받기 시작했다. 보고서에 지속가능발전은 "미래 세대의 필요를 충족시킬 능력을 저해하지 않으면서 현 세대의 필요를 충족하는 발전"으로 정의되어 있다. 이후, 지속가능발전은 이른바 "3P 이론"이라 불리며 사회(people)와 경제(profit), 환경(planet)의 지속가능성을 골고루 살피고 균형을 맞춰나가는 개념으로 발전됐다.

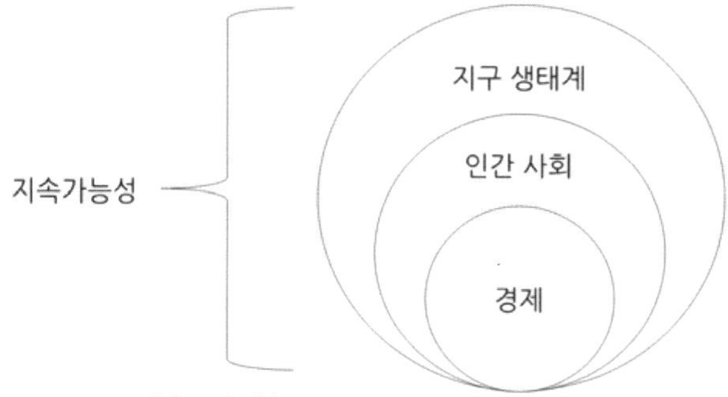

출처: Fischer et al. 2007에서 그림 인용.

〈그림 1-1〉 지속가능성의 새 모델

그러나 생태학의 회복탄력성을 바탕으로 진행되는 사회-생태계 연구에서는 이 개념을 다른 시각으로 본다. 가장 큰 관점의 차이는 조직의 위계로 볼 때 사회와 경제, 환경을 같은 수준이 아니라, 경제는 사회 안에, 사회는 지구생태계 안에 포함하는 위계적 구분으로 구성하는 것이다(〈그림 1-1〉). 이것은 생태학자들이 지구 생태계의 과정과 기능 없이는 인간 사회가 작동할 수 없고, 경제는 두 가지 상위 위계 수준 안에서 이루어진다고 보기 때문이다(Fischer et al. 2007).

두 번째 차이는 사회-생태계 이론에서는 지속가능성 문제를 체계론적으로 접근한다는 것이다. 사회-생태계의 원리를 바탕으로 다양한 영역 사이의 되먹임(feedback)을 통해 사회-생태계가 작동하고 이 체계(시스템)는 일종의 적응주기(adaptive cycle)를 통해 정체성을 유지한다(Holling and Gunderson 2002). 적응주기를 이해하는 데 필수 개념인 회복탄력성은 한 체계가 자기 조직화(self-organization)나 학습(learning), 또는 적응(adaptation) 과정을 통해 교란을 흡수하고 정체성을 유지하는 능력 또는 성질로 정의된다(Carpenter et al. 2001, Walker and Salt

2012b). 또한, 체계론에서 교란(disturbance)이나 위기(crisis)를 피할 수 없는 적응주기의 일부로 보기 때문에, 결국 지속가능성은 체계 구조와 기능에 영향을 주는 큰 교란이나 위기를 겪은 후 스스로의 필수 요소와 정체성을 유지하는 성질을 의미한다(Walker et al. 2002a). 이러한 맥락에서 회복탄력성 개념은 지속가능성의 고찰에 중요한 역할을 한다. 생태계와 인간 사회가 어느 정도의 자정 능력과 자기조직 능력, 즉 회복탄력성을 갖출 수 있도록 관리하고 준비하느냐에 지속가능성의 성패가 달려 있는 것이다. 이러한 이유에서 체계가 회복탄력적으로 기능을 발휘할 수 있도록 돕는 다양한 사회-생태적 자본과 자원에 대한 연구가 사회-생태계 이론을 적용한 연구의 지향점이다.

3. 회복탄력성 자원으로서의 전통생태지식

사회-생태계의 회복탄력성은 다양성, 특히 사회-생태계를 이루고 있는 구성요소들의 기능적 다양성(functional diversity)으로 증진된다. 이때 사회적 학습(social learning), 사회 연결망(social network), 생태적 연결성(connectivity), 생물다양성, 사회생태기억(social-ecological memory) 등은 회복탄력성을 증진시키는 자원이 된다(Folke et al. 2005). 우리 연구는 그중에서 사회생태기억의 주요 보기인 전통생태지식에 초점을 둔다.

먼저 회복탄력성 자원에 기여하는 기능 다양성을 생태 기억(ecological memory)과 사회 기억(social memory)의 보기로 살펴보자. 생태 기억은 생태계에서 일어난 역사적 사건을 간직하고 있는 구성요소의 증거자료로서 내부 기억(internal memory)과 외부 기억(external memory)으로 나뉜다(Bengtsson et al. 2003). 내부 기억은 생물학에서 다루고 있는 생물

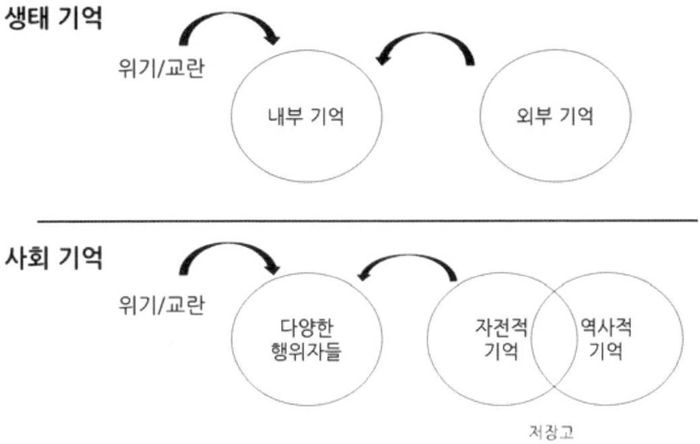

출처: 김고운, 2016에서 재인용.

〈그림 1-2〉 생태 기억과 사회 기억

유산(biological legacies)을 의미하는데, 흔히 특정 생태계가 교란을 겪고 난 후에 생존하고 있는 생물종을 일컫는다. 외부 기억은 생태계 내 또는 주변부에 있는 경관 요소들이 간직한 사건에 대한 흔적과 치유 능력을 말한다. 외부 기억은 내부 기억이 생태계를 재조직화하는 과정에 기능과 과정을 뒷받침해주는 역할을 한다(Bengtsson et al. 2003). 큰 교란을 겪고 난 생태계는 이러한 생물종과 경관 요소의 다양성과 기능에 따라 회복탄력적으로 재조직화된다(〈그림 1-2〉). 이를테면, 화산 폭발이나 산불, 산사태 등이 일어난 숲에 살아남은 동물과 식물(내부 기억)과 비교적 피해를 덜 받은 숲의 일부 또는 주변부(외부 기억)가 있다면 이들에 의해 다시 생태계의 기능과 정체성이 조직화되고 회복되는 것이다. 비슷하게 전쟁이나 경제 파동을 겪은 사회는 구성원들의 경험지식(내부 기억)과 다른 사회의 지원자원(외부 기억)으로 높은 탄력성을 발휘할 수 있다.

생태 기억에서 내부 기억이 교란 후에 살아남은 생물종을 일컫는다면, 사회 기억은 다양한 행위자를 사회적 유산으로 제안하는 개념이다(〈그림 1-2〉). 다양한 행위자들은 자신의 신념과 경험 등의 기억을 바탕으로 위기나 교란 후에 자신의 환경을 복원 또는 재조직화하고자 한다. 프랑스 사회학자 알박스(Halbwachs 1992[1926])에 의하면 사회 기억에는 자전적 기억과 역사적 기억이 있다. 자전적 기억은 사회와의 관계에서 개인이 선택하고 보유하고 있는 기억이며, 역사적 기억은 기록과 설치물 등에 담기는 사회의 선택적 기억이라 할 수 있다. 이러한 사회 기억이 위기나 교란 후에 다양한 역할을 하기 위해서는 첫째로 다양한 지식과 경험에 대한 자전적 기억과 역사적 기억이 유지되고 전수되어야 하며(문화전승), 둘째로 이러한 기억을 적재적소에 활용할 수 있는 다양한 사회 구성원의 역할이 요구된다(다양성과 창조성). 환경 거버넌스나 시민과학에서 참여가 필수적인 개념으로 함께 다루어지고 있는 배경에도, 다양한 구성원의 사회에서의 기능과 기여가 환경 문제를 둘러싼 거버넌스에 필수적이기 때문이다(Bulkeley and Mol 2003).

사회생태기억은 생태 기억과 사회 기억을 통합한 개념이라 할 수도 있지만, 최근에는 생태계 돌봄(ecosystem stewardship)[1]과 관련된 경험과 지식을 총칭하는 것으로 본다. 이와 관련된 대표적인 연구는 주말농장에서 이어지고 있는 사회생태기억이 도시의 생태계 서비스 기

1) 이 글에서는 관리(management)라는 표현 대신 돌봄(stewardship)이란 표현을 사용한다. 인간중심적 용어라는 이유에서 오늘날 management 대신 "돌봄"이나 "돌봄 정신" 혹은 "보살핌"으로 해석되는 stewardship이란 용어를 선택하는 연구자들이 늘고 있다. 국어사전에는 "돌보다"는 "관심을 가지고 보살피다"로 "보살피다"는 "정성을 기울여 보호하며 돕다"로 나오는데, 이 책에서는 조금 더 포괄적인 "돌봄"을 선택했다.

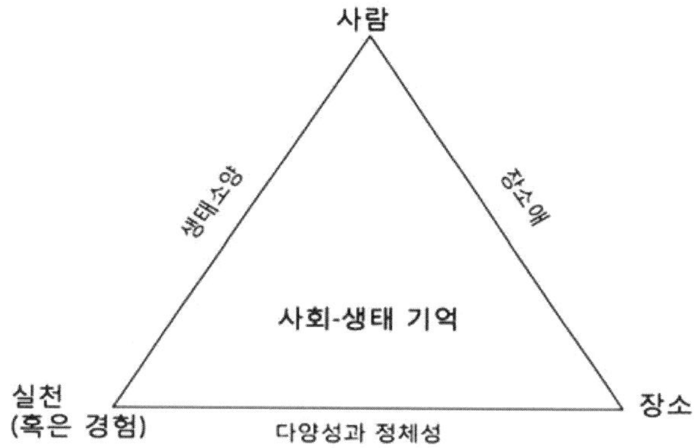

〈그림 1-3〉 사람-실천-장소의 복합체로서 사회생태기억(김고운 2016)

능에 끼치는 영향에 대한 스톡홀름의 사례가 있다(Barthel et al. 2010, Krasny and Tidball 2015). 김고운(2016)은 사회생태기억 개념은 사람-실천-장소의 세 요소를 필수적으로 수반하며, 사람-실천, 사람-장소, 그리고 실천-장소의 상호작용을 통해 생태 소양(ecoliteracy), 장소애 혹은 장소성(place attachment), 그리고 다양성과 정체성이 형성된다고 정리했다(〈그림 1-3〉).

김고운(2016)이 제안하는 사회생태기억 모형은 각기 따로 연구되고 있는 ① 생태계 돌봄의 실천 주체로서 인간 존재의 중요성, ② 생태계 돌봄의 동기로서 장소성, ③ 실천 영역을 "기억"의 개념으로 통합하여, 이론을 위한 모델이 아닌 실천적 개념으로서 재정립한다는 것에 의미가 있다.

4. 전통생태지식의 특성

우리 사회가 오늘날의 생태계 돌봄에서 놓치고 있는 것은 무엇일까? 워커와 솔트(Walker and Salt 2012a, 2012b)의 여러 사례 연구에서 얻을 수 있는 두 개의 함의를 통해 이를 살펴보자. 첫째로, 사회-생태계 연구는 체계의 정체성(system identity)을 사회-생태적 맥락에서 파악하는 데에서 시작한다. 워커와 솔트의 책에서 소개하는 10개의 사례가 보여주는 주요 경향은 첫째, 물과 밀접하게 관련된 사회-생태계에 대한 사례가 많고, 둘째로 20세기 동안의 시공간 변화에 집중하며, 지역 주민과 의사 결정자들의 참여를 중요하게 다루고 있다. 마지막으로 생물다양성 감소와 환경 파괴라는 공통된 문제를 안고 있다. 체계가 어떻게 관리되고 지속되어왔는지에 대한 분석은 곧, 체계(즉, 분석하고자 하는 사회-생태계)의 정체성에 대한 질문과 맞닿아있고, 정체성을 제대로 파악하는 것이 회복탄력성과 지속가능성 관리의 출발점이 된다(Walker and Salt 2012a, 2012b).

워커와 솔트가 정리한 사례에서 찾을 수 있는 두 번째 함의는 사회경제적, 정치적, 기술적, 자연적, 문화적 요인이 복합적으로 연결되어 사회-생태계의 위기를 초래했다는 것이다. 또한, 이러한 사례 연구는 지역에서 답습되어 내려오고 있는 전통생태지식이 외부 영향에 위협을 받는 오늘날의 위기를 잘 드러내고 있다. 전통생태지식 연구는 체계의 정체성을 이해하는 데에도 필수적일 뿐만 아니라, 여러 복합적인 외부 요인에 적응해가는 공동체의 전략과 경로를 이해하는 데 결정적인 역할을 한다. 기후 변화와 같은 피할 수 없는 뜻밖의 일(surprises)이 점차 많은 광역적 · 지역적 수준에서 예측 불가능한 패턴으로 발생하고 있는데, 이에 대한 지역 단위 사회-생태계의 적응적

반응(adaptive response)은 중요한 전략이 된다(Berkes and Jolly 2002). 이러한 맥락에서 사회-생태계의 회복탄력성 연구는 지역주민이 중심이 되는 생태계 돌봄에 많은 관심을 두고 있으며, 그 중심에 지역지식과 전통생태지식이 있다. 공동체(community) 기반의 연구가 많은 관심을 받는 것 또한 이러한 특징과 관련이 있는 것으로 본다.

미국의 저명한 인류학자 제임스 스콧(Scott 1998)은 국가라는 중앙 집권적 권력 주체에 의해 산림 관리와 도시 계획, 농촌 정착 정책, 토지 행정, 농업 관리 등이 국가 이데올로기를 바탕으로 이루어졌고, 그 영향이 어떠했는지를 비판한다. 그에 따르면 18세기 중반~19세기 초부터 숲이 가진 심미적 차원, 영성적 차원, 생명적 차원 등은 인간에게 무시받기 시작했다. 대신에 산림에 대한 인간의 실용적 사용 혹은 공리주의적 가치에만 초점이 맞추어지면서 단순화되고 표준화된 계량으로 숲이 관리되기 시작했다. 이 과정에서 일어난 것은 중앙 집권적 방식의 국가사업으로서 산림 관리뿐만 아니라 "자연"이라는 대상에 대한 이용 방식의 체계화이다. 국가 발전을 위해 자원이 많이 필요해지자, 복합적인 자연(또는 다양성이 높은 삼림)을 인간의 지식적 한계 내에서 해석하고 다루고자 고안해낸 방법이 "조림"이었다. 다시 말해, 복합성의 요소를 줄이고 단순성을 추구함으로써 생산성을 높이는 데 집중한 것이다. 그러나 이러한 과학적 조림은 산림의 취약성을 도리어 키우는 꼴이 되었다. 스콧도 지적하지만 단일 경작은 병충해에 취약할 수밖에 없기 때문이다. 이를 대응하기 위해 인간은 인공비료, 살충제, 살균제를 만들어 사용해 왔지만 이러한 대안들의 환경 영향은 이제 누구나가 다 아는 사실이 되었다. 생물다양성이 높을수록 회복탄력성이 높다는 사실은 오늘날 여러 연구로 입증되고 있다.

스콧은 국가 이데올로기의 대안으로 고대 그리스 용어에서 따온 메티스(metis)를 제안한다. 스콧이 설명하는 메티스의 개념은 "항상 변화하는 자연과 인간 환경에 적응해온 실용적 기술과 획득한 지혜의 포괄적 영역을 의미"하며, 이는 사회-생태계 회복탄력성의 관점에서 이해하는 사회생태기억, 특히 전통생태지식과 맥락을 함께 한다. 제임스 스콧이 정리하는 메티스의 특성 중 대표적인 내용을 정리하면 다음과 같다(Scott 1998).

> 첫째, 메티스의 본질은 구체적인 상황 속에서 경험의 법칙을 어떻게 그리고 언제 적용하는지 아는 것이다.
>
> 둘째, 메티스에 반영된 실제와 경험은 거의 항상 지역적이고 특수성을 가진다. 이러한 특수성은 일반적 지식과 상황적 지식 사이에 존재하는 차이의 크기와 중요성을 지적하는 역할을 한다.
>
> 셋째, 메티스 지식은 암시적이고 자동적이라 그것을 가진 사람들이 그에 관해 설명할 때조차 쩔쩔매게 된다.
>
> 넷째, 메티스는 유연하고 지역적이며 또한 다양하다.
>
> 다섯째, 메티스는 민주적으로 분배되지 않으며, 어떤 형태의 메티스는 스스로를 정교화하고 전파하기 위해 산업화 이전 삶의 핵심 요소에 의존하는 것처럼 보이기도 한다.

인류학자 스콧이 실용 지식으로써 메티스를 강조하고 있다면, 사회-생태계 연구자들은 현대 사회의 환경 문제와 자원관리 문제의 해결 방법을 모색하는 노력의 하나로 지역지식 또는 토착지식, 혹은 전통생태지식 등의 대안 지식 체계를 강조한다. 특히, 토착지식 중에서도 전통 사회가 지니고 있는 생태적 관계와 자원관리 체계에 대한 이해를 다시 회복하는 것을 강조한다(Berkes et al. 1998, Folke 2004, Berkes

2017). 버키스(Berkes 2017)는 토착 민족이 특정 지역에서의 적응 과정을 통해 진화시키고 문화를 통해 세대 간 전달해 온 인간과 생태계와의 관계에 대한 지식과 실천, 신념의 축적물을 전통생태지식이라 정의 내리고, 북미 지역의 토착 공동체가 지닌 지속가능성의 원리를 연구한 바 있다. 버키스가 정리하는 전통생태지식의 특성은 다음과 같다(Berkes 1993).

첫째, 정성적이다.
둘째, 직관적 요소를 포함한다.
셋째, 전일적(holistic)이다.
넷째, 물질적 요소와 정신적 요소를 함께 고려한다.
다섯째, 도덕적이다.
여섯째, 영적이다.
일곱째, 경험적 관찰과 오랜 시행착오를 거쳐 축적된 사실에 의존한다.
여덟째, 자원 이용자 스스로에 의해 형성된 자료를 바탕으로 한다.
아홉째, 통시적 자료에 근거한다.

두 학자가 정리하는 전통생태지식의 특성을 보면, 현대 과학의 범위 내에서 전통생태지식을 탐구하는 것이 쉽지 않다는 것을 알 수 있다. 그럼에도 불구하고 현대 과학의 부작용으로 생태 문제가 만연해지면서, 전통생태지식과 토착지식 등에 대한 연구의 필요성은 점점 높아지고 있다.

그렇다면 한국의 경우는 어떠한가? 한국전쟁 이후 국가 주도의 개발 사업으로 대내외적으로 괄목할 만한 경제 성장을 이뤘지만, 경제에 초점이 맞추어진 성장이었기에 도농 격차와 빈부격차, 그리고 세대 간 갈등 등이 심화되기도 했다. 이러한 과정에 지역지식보다는 서구의 근대 과학과 기술을 우선시하는 풍조가 생겼고 점차 우리 고유의 삶의 방식은 그 자리를 서구 과학의 편리함과 합리성에 내주게 되었다. 현대의 기술 과학의 혜택도 물론 인류 발전에 크게 기여하고 있지만, 인류의 지속가능성을 책임지는 지구 생태계의 안녕을 위해 우리가 놓치고 있는 것이 무엇인지 질문할 필요가 있다. 만약 어느 지역의 원주민들이 지니고 있는 지역 환경에 대한 지식이 오랜 세월을 통해 축적되어왔으며 지역의 생태계와 자원의 지속가능성에 중요한 역할을 하고 있다면 이를 보존하고 연구할 필요 역시 우리에게 있지 않겠는가?

요컨대 이 책은 복합계적 사고방식을 바탕으로 하는 사회-생태계 개념틀 안에서 회복탄력성의 자원인 사회생태기억에 초점을 둔다. 구체적으로는 사회생태기억의 대표적 종류로서 전통생태지식의 특성과 의미, 교육적 함의를 한국의 전통마을 경관 사례로 자세히 탐구하고자 한다.

제 2 장

시민과학으로서 전통생태지식의 가능성과 과제

제2장 시민과학으로서 전통생태지식의 가능성과 과제

사회생태기억이 올바른 기능을 발휘하여 인류의 지속가능성에 이바지하기 위해서는 기억의 주체, 즉 사회 구성원의 참여가 필수적이다. 오늘날 "참여"라는 개념은 기후변화 적응(climate change adaptation)과 관련된 여러 학문 분야에서 중요하게 다루어지고 있다(Collins and Ison 2009). 기후변화 시대의 여러 난제를 해결하기 위해서는 과학자와 관료 중심의 과학기술 지식의 생산과 의사결정뿐만 아니라 시민들이 능동적으로 참여하는 새로운 과학기술문화가 요구되기 때문이다. 이 장에서는 전통생태지식을 참여의 관점에서 고민해볼 수 있는 사례를 소개한다. 구체적으로는 시민 참여형 과학기술문화 모델로 논의되고 있는 시민과학(citizen science)을 사회-생태 개념틀의 관점에서 다루고, 사례연구에서 시민과학으로서 한국의 전통생태지식이 지닌 가능성과 한계를 논의한다.

1. 사회-생태계 개념틀로 해석하는 시민과학

시민과학(citizen science) 개념이 처음 소개된 것은 1990년대 중반이다. 주로 사회학 혹은 과학기술사회학(STS)에서 논의되기 시작한 시민과학은 과학기술의 민주화와 대중화(public understanding of science)의 담론을 잇는 새로운 시민 참여형 모델로 발전하기 시작했다. 영국의 사회학자 어윈(Alan Irwin)은 1995년 출간된 책 『Citizen science: A study of people, expertise, and sustainable development』에서 지속가능발전을 위해서는 시민과 과학의 새로운 관계가 필요함을 강조한다. 어윈(2002)은 시민과학이라는 새로운 개념을 통해 과학은 시민의 욕구와 염려에 즉각 대응해야 하며 시민 역시 스스로 신뢰할 만한 과학적 지식을 생산할 수 있어야 한다고 했다. 이후 시민과학은 2010년대에 유럽연합이 적극적으로 기후변화 적응 정책에 도입하면서 더욱 활발히 연구되고 있다.

사회-생태계 개념틀에서 논의하는 시민과학은 과학기술사회학에서 논의하는 시민과학의 개념과 다르다. 과학기술사회학에서는 과학기술의 관료 중심적인 생산, 수용, 의사결정과정, 분배에 대한 대안 모델로서 시민과학을 논의한다. 그에 반해 사회-생태계 개념틀에서는 시민의 과학지식과 생태지식이 지역 생태계 돌봄(stewardship)에 기여하는 방법으로서 시민과학 개념을 활용하는 경향을 보인다. 과학기술사회학 분야의 시민과학과 개념의 차이를 두고자 일부 사회-생태계 학자는 시민과학 대신 시민 생태학(civic ecology)이라는 용어를 쓰기도 한다(Krasny and Tidball 2012). 구체적으로는 지역 생물다양성과 보전지역에 대한 모니터링과 평가에 시민이 기여하는 좁은 의미의 시민과학에서(Loos and Horcea-Milcu 2015), 지역지식이나 전통생태지식을 활용하여 생태계돌봄 활동에 자발적으로 참여하는 넓은 의미로까지 활용되고 있다(Danielsen et al. 2017). 사회-생태계 개념틀의 관점에서 더욱 명확하게 시민과학을 이해하기 위해서는 다양한 시공간 규모, 적응주기와 교란에 대한 이해가 필요하다.

1) 사회-생태계의 다양한 시공간 규모

사회-생태계 개념틀에서 가장 기본이 되는 원리는 인간은 생태계에 의존하며 인간의 행위는 생태계의 지속가능성에 직간접적인 영향을 준다는 상호연결성이다. 그런데 이러한 기본 원리를 과학적으로 증명하기는 쉽지 않다. 사회-생태계의 피드백 관계는 다양한 시공간 규모에 걸쳐 일어나기 때문이다.

사실 규모의 문제는 생태학 연구에 늘 도전 과제가 되어왔다. 규모의 개념은 위계(hierarchy)의 개념과 맞닿아있는데, 20세기에는 세포→유기체→개체→군집→생태계라는 기본적인 생태적 조직의 위계적 구조를 중심으로 생태학이 발전했다. 생태계 생태학과 위계의 개념을 정리한 오닐은 기존의 위계 구조에 대한 이해는 선입견을 낳으므로 생태계 분석에서 활용하는 관찰 집합의 모든 시공간 규모를 포함하는 데 유용하지 않다고 지적한다(O'Neill et al. 1986). 오닐 등(1986)은 "장님과 코끼리" 이야기를 빗대어 관찰 목적과 시공간 규모에 따라 생태계에 대한 해석이 달라질 수 있다고 설명한다. 특히 생물학자 로젠의 주장을 받아들여 생태계에 대한 특정한 고정관념을 늘 주의해야 한다고 지적하며, 생태학자들은 관찰 현상의 규모에서 계를 개념화해야 한다고 주장한다(O'Neill et al. 1986). 즉, 현상을 설명할 수 있는 적정한 규모의 계와, 그 규모의 기능과 과정에 영향을 주는 적절한 속도와 파장을 찾는 것이 체계론적 연구의 핵심인 것이다.

위계와 규모 문제를 21세기의 사회-생태계 개념틀에서 가장 적극적으로 연구하고 있는 커밍(Cumming 2006)은 다양한 사회적 과정(토지 소유권, 식량 생산, 인구 변화, 국가 주도의 관리, 기술과 인프라스트럭처의 변화, 가치 체계의 변화)이 오늘날의 규모 불일치(scale mismatch) 문제를 낳았다고 지적한다. 규모 불일치 이론은 지구 생태계가 인간 사회를 지탱할 수 있는 수용능력(carrying capacity)을 넘어섰다는 기존 이론에서 한 단계 더 나아가, 인간의 행위가 영향을 끼치는 시공간 규모의 파장에 대해 체계적인 논리적 근거를 제시한다는 차원에서 매우 중요하다.

브룬틀란 보고서(1987)의 "지속가능한 발전" 개념에서 언급하는 "미래 세대의 필요를 충족시킬 능력을 저해하지 않으면서"라는 구절은 현 세대의 자원 소비 활동의 속도와 파장이 미래 세대에까지 영향을 주는 지금의 구조를 역설하는 셈이다. 사회-생태계 개념틀에서 사회 과정, 생태 과정, 사회-생태 과정이 일어나는 체계들 간의 상위 체계와 하위 체계를 규정하고 각 체계에 영향을 주는 빠른 변수(fast variable)와 느린 변수(slow variable)를 연구하여 규모의 문제를 최소화할 것으로 기대할 수 있다.

전통생태지식에도 위계와 규모의 개념이 존재한다. 버키스의 경우, 전통생태지식을 땅과 동물에 대한 지역지식 → 토지와 자원 관리 체계 → 사회제도 → 세계관(우주관)의 네 수준으로 나누었다(2017). 한국의 전통마을숲은 사회-생태계의 상호연결성과 규모의 문제를 관찰할 수 있는 좋은 전통생태지식 연구 주제 중 하나이다. 마을숲은 전통적인 경관 돌봄의 한 방법으로 다른 경관 요소와의 관계(지리적 위치, 자연자원의 분포 등)를 바탕으로 자연적 혹은 인위적으로 형성된 경우가 많다. 그리고 전통마을숲을 포함한 전통마을은 유역 내 평탄한 지형에 위치하는 경향을 보인다(〈그림 2-1〉의 왼쪽). 마을숲과 관련된 지식 체계의 경우, 개인의 지식과 행위, 마을 공동체의 관리 제도, 전

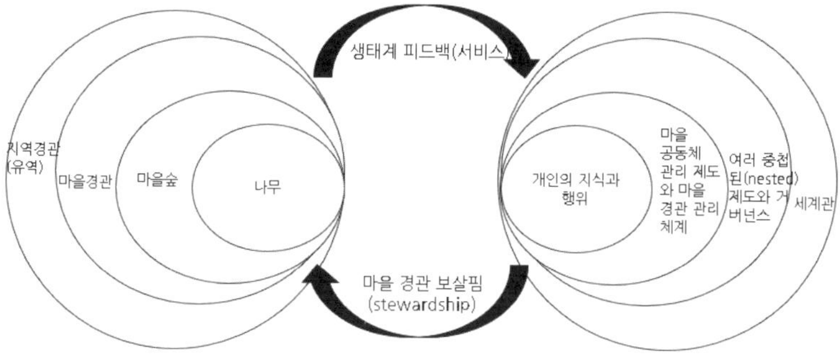

출처: Berkes and Folke 2000 토대로 저자 그림.

〈그림 2-1〉 마을숲 사회-생태계의 네 가지 수준

통마을숲에 대한 관심과 거버넌스, 세계관 등에 영향을 받을 수 있다(〈그림 2-1〉의 오른쪽).

전통마을숲은 풍수적 세계관을 바탕으로 마을을 좋은 입지로 만들기 위해 생긴 경우가 많다. 전통마을숲 답사를 다니다 보면, 마을숲 형성 과정에 대한 주민 인터뷰에서 마을숲보다 마을의 풍수적 배경에 대한 이야기를 들을 때가 많다. 풍수는 마을 사람들에게 일종의 신념 체계로 자리 잡아 전통마을숲 형성뿐만 아니라 오랜 시간 이를 보전하는 데 큰 역할을 해왔다. 예로부터 내려오는 지형에 대한 풍수 이야기를 토대로 마을 경관 내에서 지속적으로 자원과 토지 관리를 해온 사례는 마을숲 외에도 무궁무진하다. 큰 산맥부터의 기(氣)와 주변 산지의 관계를 바탕으로 마을 공간의 경관 배치를 정하고 자원을 관리했다는 점에서 마을 풍수는 산맥과 유역, 지역 경관에 대한 체계론적 전통생태지식이다. 전통마을숲 복원과 관리를 위한 연구에 있어 마을숲에만 집중하는 것이 아니라 마을 경관, 지역 경관을 통합적으로 봐야하는 이유가 여기에 있다. 그리고 우리는 풍수를 통해 마을의 필수 자원의 흐름을 관리하고 그 영향이 끼치는 시공간규모를 여러 동식물의 생김새에 비유해 후대에 전하는 스토리텔링적 접근 방법의 의미를 다시금 되짚어 볼 필요가 있다. 이러한 스토리텔링적 접근은 오늘날 시민과학에서도 적극적으로 고려해볼 만하다.

2) 적응주기와 교란

사회-생태계의 적응주기(adaptive cycle)는 생태학의 천이(ecological succession)와 관련된 이론에서 파생하여, 체계의 역동적 과정을 다음의 네 단계로 나눈 이론이다(https://www.resalliance.org/adaptive-cycle).

1. 성장 혹은 이용(r)
2. 보전(K)
3. 충돌 혹은 방출(omega)
4. 재조직화(alpha)

1과 2의 단계는 적응주기의 앞고리(fore loop)로 비교적 느리게 일어난다. 이 과정에 자원이나 에너지가 축적되고 생태계에서는 특정한 종이 우세하는 현상이 생기기도 한다. 인간 사회에서는 앞고리의 단계에서 관계가 형성되고, 지식이 축적된다. 3과 4의 단계는 적응주기의 뒷고리(back loop)에 해당하는 주기로서 비교적 빨리 일어나며 자연재해나 예측할 수 없는 교란 등의 변화가 이 뒷고리 주기의 시작을 알리기도 한다. 1~2단계에 축적된 자원과 지식이 많은 사회-생태계에서는 뒷고리 주기에서 탄력적으로 체계의 정체성과 기능을 회복하

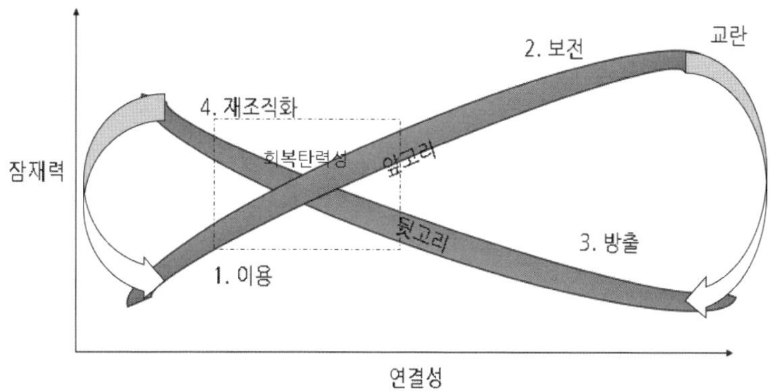

출처: Walker and Salt 2012a를 참고하여 저자 그림.

〈그림 2-2〉 사회-생태계의 적응주기

는데, 이런 특성에서 회복탄력성의 개념이 시작되었다. 전통생태지식과 같은 사회생태기억은 앞고리 주기에 축적이 되어 충돌과 재조직화가 일어나는 뒷고리 주기에 유용한 지침이나 기준이 될 수 있다.

그러나 사회생태기억은 늘 긍정적인 역할만 하지 않고 때로는 비효율적인 결과를 야기하기도 한다(Nykvist and von Heland 2014). 그리고 한 번 의존했던 경로에 지속적으로 의존하여 비효율적인 결과에 상관없이 같은 경로를 따른다는 경로의존성(path dependence)이 생기기도 한다. 따라서 어느 사회생태기억이든 다양한 행위자들이 참여하는 거버넌스를 통해 효과적으로 잘 활용하고자 하는 생산적 노력이 필요하다. 이러한 과정을 통해 사회-생태계는 교란을 겪으며 보다 효율적이고 회복탄력적인 방향으로 나아가는 방향을 꾸준히 학습할 수 있다.

교란은 체계에 역동성을 가져온다. 워커와 솔트(2012b)는 교란을 세 가지 종류로 나누었는데, 우리나라에 주기적으로 있는 장마와 같은 ① 뚜렷한 교란, 장마 중에서도 유난히 그 규모와 피해가 큰 장마와 같은 ② 크고 드문 교란, 그리고 ③ 사스(SARS)나 코로나 바이러스(COVID-19)와 같은 알려지지 않은 충격이 있다. 사회생태기억은 적응주기의 앞 주기에서도 축적되지만 교란을 겪으면서 경험과 학습(learning)을 통해 축적되기도 한다(생태계와 사회계의 기억의 기능은 제1장에서 소개) 여러 종류의 교란은 사회-생태계 역동성의 기반이 되는 다양성에 긍정적인 기여를 한다. 예를 들면 농촌 사회에서의 자연 재해와 같은 교란은 음식 저장과 관련된 기술을 발전시키는 데 기여했다(Colding et al. 2003). 우리나라 둠벙도 작은 규모에서 물부족 문제를 해결하기 위한 방법으로 만들어졌는데, 농촌의 생물다양성 향상에 긍정적으로 작용한다(Yoon et al. 2019, Kim et al. 2019). 교란에 의해 사회-생태계의 다양한 지혜와 기술, 경관 요소가 생성되는 것이다.

사회-생태계에서 시민과학이 중요한 이유는 시민 개개인이 사회-생태계를 이루는 기본 단위로서 사회생태기억의 보유자이기 때문이다. 개인의 경험과 지혜가 모여 교란에 대처하고 다양성이 보장되는 사회-생태계를 이룬다. 생태계 돌봄의 기본이 되는 사회생태기억이 전문가나 관료와 같은 특정 직업군에서 생산되는 것이 아니라, 경험과 학습을 통해 누구나 축적하고 보유할 수 있다는 점에서 시민과학 혹은 시민 생태학이라 부른다. 한 개인의 지식과 기억, 행위가 더해져서 공동체와 사회를 이루고, 위기의 순간에 회복탄력성에 기여할 수 있다는 점에서 모든 사회 구성원을 잠재적 생태계 돌봄지기로 보는 것이다.

전통생태지식과 지역지식, 토착지식은 전문 집단에 의해 전달되는 지식체계가 아닌 우리의 삶 속에서 문화전승되는 삶의 지혜이다. 전통생태지식은 여러 종류의 사회생태기억 중에서도 특히 오랜 시간 시행착오를 거쳐 축적된 지식 체계로서 효율적인 자원관리에 대한 지혜가 많다는 점에서 신뢰할 만하다(Berkes 2017). 그렇다면 전통생태지식은 사회-생태계의 회복탄력성에 과연 어떻게 기여하고 있을까? 다음 순서에서 전통생태지식이 교란을 대응하는 데 활용된 사례를 살펴보자.

2. 보은 개안마을의 물길 복원 사례

속리산 천왕봉에서 발원하여 삼가저수지로 흐르는 삼가천이 평지와 만나는 곳에 개안리라 불리는 마을이 있다. 이 마을 앞에서 삼가천은 두 갈래로 나뉘었다가 다시 하나의 물길로 되면서 풍수지리적으로 명당이라 불리는 연화부수형(連花浮水形)의 지형을 만들었다. 일제

출처: Daum Kakao Map 2018.

〈그림 2-3〉 보은 개안마을 위성영상사진

강점기에 전국 각지의 명당을 알아보던 보성 선씨 가문이 집을 지을 명당을 찾다 이곳에 99칸 집을 지었다. 선병국 가옥으로 알려진 이 고택은 한국전쟁을 비롯해 1980년과 1998년에 있었던 홍수로 여러 변화를 거쳐 지금의 모습을 갖추었다.

한때는 외속리면 하개리로 불리던 지금의 장안면 개안마을에 대한 이야기다. 포털사이트에 "선병국 가옥" 혹은 "보은 개안마을"을 검색하면 쉽게 찾을 수 있다. 우리는 산림청에서 실시한 전통마을숲 복원사업에 대한 후속 평가를 위해 2013년 전국 각지의 전통마을숲을 답사하던 중 개안마을숲도 방문했다. 김고운이 1993년과 1994년 사이 개안마을에서 거주한 경험이 있었던 덕에 개안마을숲의 지속가능성이 마을 물길과 직간접적으로 많은 관련이 있을 것으로 추측했고, 2년에 걸친 답사와 현장조사를 통해 유의미한 사례를 발굴할 수 있었다. 김고운(2016)은 연구 결과를 사회-생태계 개념틀 안에서 해석하기 위해 마을 사회-생태계의 교란을 중심으로 20세기의 개안마을 역사를 재구성했는데, 그 내용을 간략히 정리하면 다음과 같다.

1) 마을숲의 형성

개안마을의 마을숲은 20세기 초반 선병국 가옥을 짓기 전, 연화부수형 토지를 물길보다 높은 지대로 만들어서 집을 짓고 물로 인한 피해를 최소화하고자 만들어졌다. 풍수적으로는 안산의 역할을 하기 위해 조성되었다. 인근(속리산)에 있던 소나무를 가져와 심기 시작하여 최소 몇 년간의 조성 기간이 걸렸을 것으로 추정된다(주민 인터뷰 내용).

2) 물길의 인위적 변화

1970년대 전국적으로 새마을사업이 진행되면서 개안마을에도 큰 변화가 일어났다. 두 물줄기 중 마을 사이를 가로질러 흐르는 큰 물길을 덮고 벼농사 지대로 만든 것이다. 직강공사로 마련한 39,669m^2의 새로운 경지는 그 당시 논을 소유하고 있지 않던 인근 주민 30명에게 고루 분배되었다. 토지는 국가가 소유하고 임대 형식으로 분배되었다.

3) 1980년과 1998년의 큰 홍수

1980년과 1998년에 보은에 기록적인 폭우가 쏟아졌고, 선병국 가옥을 비롯해 마을 대부분이 침수되는 일이 벌어졌다. 첫 번째 수해 이후 선병국 가옥이 1984년 중요민속자료 제134호로 지정된 배경에는 1980년의 큰 홍수가 큰 몫을 했다(주민 인터뷰 내용). 당시 피해를 복구하기에는 복구 비용이 만만치 않아서 가옥의 문화적 가치를 인정받아 정부 보조금으로 복구하는 방법을 고안해냈다고 한다.

4) 1999년 물길 복원 사업

1980년에 이어 1998년 집중호우로 큰 수해가 다시 발생하자 종손 선민혁 씨는 자연재해가 아니라 인재라는 것을 깨달았다. 그는 홍수량과 홍수 경로를 관찰하면서, 직강 공사를 한 예전 물길 주위로 수해가 발생하는 것을 발견했다(주민 인터뷰 내용). 그는 곧 삼가천의 유역 내 5개 마을을 돌아다니면서 물길복원사업에 대한 동의서를 받기 시작했다. 물길 위 논에 농사를 짓고 있던 주민 30명을 포함해 거의

출처: 2013년 10월 25일 김고운 촬영.

〈그림 2-4〉 개안마을숲 입구

300명에 가까운 지역 주민의 동의서를 받아 물길복원사업을 시작할 수 있는 발판을 마련했다. 주민들은 복원사업 과정에도 적극적으로 참여하였고, 이전 물길과 같은 390mm 높이의 물길로 공사했다고 한다. 한편, 보은군에서는 1980년대 큰 수해를 겪으며 속리산 하류에 큰 저수지 등의 제방 시설을 정비했다. 그러나 1998년 수해에 큰 규모의 제방 시설이 제 기능을 하지 못하는 것을 경험한 이후 1998년 이후에는 곳곳에 작은 제방 시설을 많이 만드는 정책을 추진했다(전 군수 인터뷰 내용).

다른 지역 주민들과의 면담을 통해 우리는 보은 지역에 20년마다 큰비가 온다는 속설이 있다는 것을 알게 되었다. 실제로 1959년에 보은에 있었던 큰 수해도 확인했다.

주민들은 1980년과 1998년 홍수도 보은의 20년 주기의 큰 비로 여기고 있었다. 주물길 복원 사업이 이뤄진 후 개안마을숲도 지금의 모습으로 복원되었다(〈그림 2-4〉) 2018년 보은에는 359mm의 집중호우가 내렸으나 개안마을에 1980년과 1998년과 같은 수해는 없었다.

3. 전통생태지식의 시민과학적 요소와 과제

개안마을의 물길과 마을숲이 복원되기까지의 과정에서 몇 가지 주목할 점이 있다. 첫째, 마을의 물길복원 사업 중심에 마을 주민이 중추적 역할을 했다. 둘째, 마을 경관에 대한 전통생태지식 보유자가 삼가천 유역의 5개 마을 사람들에게 동의를 얻는 방법을 선택했다. 인터뷰에서 선민혁 씨는 물줄기의 영향을 받는 마을 주민들을 모두 찾아갔다고 했다. 셋째, 연화부수형으로 택지를 삼았을 때 길하다는 풍수에 기반한 신념 체계의 토착화와 교란에 대한 공동의 학습 경험이 물길 복원 사업의 전원 동의를 끌어내는 데 작용했다. 넷째, 20년마다 한 번씩 큰비가 내린다는 속설은 마을 사회-생태계의 적응주기와 교란에 대한 이해로 해석될 수 있다. 다섯째, 새마을사업 당시의 직강공사는 마을의 물길 흐름과 기능을 무시한 채 쌀 생산량을 늘리기 위해 실시된 규모 불일치 사례로 볼 수 있다. 이러한 규모 불일치는 교란이 발생했을 때 더 큰 피해를 일으킬 수 있다.

앞의 내용을 토대로 전통생태지식이 시민과학 영역에 기여할 수 있는 점을 정리하면 다음과 같다.

- 전통마을숲이나 물길과 같은 공유지에 대한 토착 주민의 사회생태기억이 경관 돌봄에 중추적 역할을 한다(보조금과 같

은 정부 지원은 보조적 역할).

- 스토리텔링의 방법을 통해 사회생태기억이 문화전승되고 강화된다.
- 사회생태기억 보유자의 자발적 참여를 기반으로 한다.
- 경제적 수익이 아닌 생태계 보전과 자원의 순환을 기본 원칙으로 한다.
- 시민과학의 지침이 되는 지식 체계는 위계적인 특성을 보이며, 따라서 사회-생태계의 다양한 규모에 대한 이해를 바탕으로 전수된다.

전통적 경관 요소가 조금이라도 보전되고 있는 농촌 사회-생태계의 경우, 전통생태지식이 지역사회의 시민과학 영역에서 발굴되고 기여할 수 있는 가능성은 높다. 잔존하는 전통마을숲이 전국적으로 1400여 개소 있다는 것을 감안하면 한국의 지역성과 문화적 맥락을 반영한 시민과학 영역이 충분히 발전되고 개발될 수 있다. 도시화로 많은 농촌 인구가 도시로 유출되었지만, 농촌에서의 경험을 도시 곳곳에서 텃밭이나 골목 가꾸기, 마당 가꾸기를 통해 새로운 사회생태기억을 창출하는 방법도 고려해볼 수 있다.

문제는 우리의 삶에 대한 자세와 주어진 시간이다. 핵가족화에 따른 가족 분화 현상으로 농촌뿐만 아니라 도시의 경우에도 가족의 결속도가 떨어지고 독거노인 비율은 점차 증가하고 있다(노재철 · 고준기 2013). 이는 인간과 자연의 괴리뿐만 아니라 세대 간의 소외도 진행되고 있음을 의미한다. 지금의 노인 세대 대부분은 농촌 생활에서의 생태지식과 경험을 가지고 있음에도 불구하고 그들의 구체적인 삶과 경험, 농촌 전통마을에 대한 관심은 드문 실정이다(한경혜 · 김주현 2005; 윤성은 · 한경혜 2011). 그리하여 우리 사회 회복탄력성에 중요한 역할을 할 수 있는 다양한 사회생태기억이 도시화와 핵가족화로 문화전승이 되지 않고 도태될 위기에 있다.

한국은 이미 고령 사회에 접어들었다. 고령사회에 대한 대책으로 의학적 접근도 중요하지만, 어렸을 적 사회생태기억을 발굴하는 과정에서 어르신의 행복함을 증진시킬 수 있는 프로그램이 필요하다. 노인 세대를 복지뿐만이 아니라 배움의 대상으로 인식하고 다른 세대와의 관계를 확장하는 것은 잃어버린 공동체 의식을 회복하는 데 효과적이다(이재향 · 조벽호 2012). 예를 들면, 이 과정에서 어르신의 어렸을 적 기억을 회복하여 행복감을 높임으로써 노인 복지에 기여할 수 있다. 또한, 농촌 공간에서의 생활과 경험을 인터뷰하는 과정에 전통생태지식을 수집하는 간접적인 사회참여는 노년기의 자아 존중감 형성에 긍정적 영향을 끼칠 것이다.

한편 오늘날 도시 생활에 익숙한 젊은 세대는 기성세대와의 가치관과 생활 방식의 차이로 단절감을 느끼고 있다. 이런 상황에서 지역의 토착생태지식 수집을 위한 어르신 세대와 젊은 세대의 만남은 전통과 역사에 대한 젊은이들의 이해를 높일 수 있다(이재향 · 조벽호 2012). 그렇게 수집한 전통지식과 수집 과정의 학습적 효과는 기후변화 시대에 적응력과 회복탄력성을 증진하는 데 훌륭한 바탕이 될 것이다(Berkes 2017). 전통생태지식뿐만 아니라 그것을 수집하는 과정 자체가 하나의 학습의 장으로서 개인의 회복탄력성에 기여할 수 있다.

우리는 오늘날의 한계를 극복하는 방법으로서 여러 사례 연구를 진행했다. 이어지는 사례 연구는 젊은 세대를 전통생태지식 교육의 현장에 초대하고 개인의 회복탄력성뿐만 아니라 사회-생태계의 회복탄력성에 대해 진지하게 고민하는 시민성을 개발하는 새로운 시도가 될 것이다.

제 3 장

전통생태지식 연구의 교육적 접근을 위한 현장조사

제3장 전통생태지식 연구의 교육적 접근을 위한 현장조사

1. 연구의 필요성과 목적

전통생태지식은 생물에 대한 지식과 자원관리 방법, 사회제도, 생태적 우주관을 포함하는 한 민족의 생태적 지식-실천-관념을 모두 아우르는 개념이다(Berkes 2017). 실천 영역을 포함하는 지식체계는 시행착오를 거쳐 여러 세대에 꾸준히 사용되고 진화되어 온 결과이다. 문화가 세대를 이어 전승됨으로써 비로소 지식체계가 지속된 셈이다. 그런데 오늘날 이와 같은 전통생태지식의 전승을 기대할 수 있을까? 지금 도시에 사는 많은 젊은이들은 생물과 자원관리, 사회제도, 생태적 우주관에 대해 가족을 통해 배울 기회가 거의 없다. 전공을 하는 사람조차도 관련 내용 대부분을 책에서 배우는 형편이다. 농촌에서도 기후 변화와 시장 경제, 노동력 부족 등의 문제로 전통적 가치관과 지식체계를 바탕으로 하는 삶은 사라져가고 있다. 이렇게 우리는 도시화와 세계화, 기후변화와 함께 일상생활에서 생태적 지식-실천-관념의 자연스러운 문화전승이 어려운 현실을 맞았다.

그런데 많은 연구자들은 오늘날의 다양한 사회-생태적 문제는 생태적 지식-실천-관념이 회복될 때 이해 가능하다고 의견을 모으고 있다(Berkes and Turner 2006; Martín-López and Montes 2015). 진정한 지구생태계 돌봄(Earth system stewardship) 정신을 배양하기 위해 지금 우리가 처한 상황을 과거의 경험과 지식을 바탕으로 분석하고, 지역 특성을 고려한 행동 양식과 사고 양식으로 이어가야 하기 때문이다. 전통생태지식 교육이 필요한 이유는 바로 여기에 있다. 단순히 옛것을 지키기 위한 차원이 아니라, 오늘날의 사회-생태 문제를 제대로 이해하여 인류 지속가능성의 방법을 모색하기 위함이다. 생태지식 복합체(Berkes 1998)로서 전통생태지식을 실제로 경험하고 이해할 수 있을 때, 생태적 정체성을 지키며 오늘날의 복합적인 생태문제에 대한 올바른 분별력을 가지고 실천할 수 있을 것이다.

한국의 전통생태지식에 대한 교육을 위해서는 현지에서 전통생태지식 보유자들을 만나 그분들의 지식체계를 기록하고 연구하는 일이 시급하다. 왜냐하면 지식 보유자들은 노령으로 대부분 가까운 장래에 이 땅을 떠날 운명에 놓여 있기 때문이다. 나아가 지식체계를 잘 정리하여 전달할 뿐만 아니라 실천 영역에서 적용하고 발전시키는 방법을 찾아야 한다. 그러나 이 일조차 수행하기 어렵다. 그 까닭은 지금 전통생태지식이 주로 활용되고 이어지고 있는 농어촌에서는 지식의 세대 전달이 원만하지 않기 때문이다.

젊은 세대가 떠난 농촌은 60대 이상의 세대 비중이 확연히 높다. 가령 전통마을숲을 보유한 350개 마을 중 20대 인구 비율은 10%도 되지 않지만 60대 이상 인구 비율은 32%가 넘는다(Kim et al. 2018). 이제 그런 어르신을 직접 만나 살아온 이야기를 듣는 모습을 보는 것마저 매우 드물다. 젊은 세대 비율이 줄어들고 있는 상황이라 전통생태지식 보유자들을 하루빨리 만나 그분들의 생물에 대한 지식과 자원관리 방법, 사회제도, 생태적 우주관을 채록하는 일이 절실한 시점이다.

더구나 시골 어르신들의 일반적인 성향은 그분들을 대상으로 수행하는 현지 연구를 어렵게 하는 또 다른 걸림돌이다. 그것은 주요 연구 방법과 관련된 본질적인 문제 때문이기도 하다. 전통생태지식은 현지의 참여관찰을 포함하는 질적 연구 방법을 주로 활용하여 조사한다. 이러한 인류학적 현지 연구에서는 대상지에 진입하고 그곳 사람들이 마음을 열어 오랜 경험을 짧은 기간에 만나는 연구자에게 진솔하게 표현하도록 이끄는 과정이 핵심이다(전은희 2012). 우리는 다년간의 현지조사를 통해 시골 주민들 대부분이 외지인을 경계하는 사실을 경험했다. 이러한 현지인들의 경계심을 원만하게 해소하는 길은 연구 성패를 좌우하는 결정적인 요소가 된다.

연구과정에 우리는 이러한 어려움을 어느 정도 넘어설 수 있는 길을 발견했다. 붙임성 좋은 여성, 특히 여학생이 살아온 과정에 대해 질문하거나, 시골에 연고가 있는 젊은 학생들이 말벗이 되어드릴 때 할머니들이 어느 정도 경계심을 풀고 마음을 여셨다. 어떤 때는 이런 접근으로 현지조사의 목적과 자기소개 등의 과정을 생략해도 되었다. 때로는 마을의 깊은 사연을 포함하는 예상치 못한 흥미로운 이야기를 듣기도 했다. 이때 이루어지는 내밀한 대화로 지나간 세대의 희로애락뿐만 아니라 농촌의 경관 짜임과 경관요소 관리 방법의 이면에 숨겨진 원리를 어느 정도 이해하는 수확을 얻기도 했다.

전통생태지식 연구의 활성화를 위해 젊은 세대의 참여와 관심은 꼭 필요하다. 그들이 어른들이 살아온 이야기에 관심을 가지고 삶의 초점이 어디에 있는지 이해하며, 그들의 관점에서 전통생태지식에 대한 인식을 정리할 때 의미 있는 성과를 얻을 수 있었다. 그러나 전통생태지식에 관심이 있고 연구를 도울 학생을 찾는 것 자체가 쉽지 않았다. 전통생태지식 교육에 대한 과제를 시작한 직후 6개월 동안은 이 주제에 관심이 있는 학생을 단 한 명도 만나지 못했다. 특히 전통생태지식의 보고라 여기는 농어촌 마을 출신이거나 연고가 있는 학생을 섭외하기는 더욱 어려웠다. 학문적으로 가치를 인정받는 분야라 하지만 지금의 젊은 세대에게는 우선순위에서 한참 밀리는 주제인 듯하다. 우리의 작업에 동참할 젊은이는 어디 있을까?

드디어 우리는 시골에 연고가 있는 젊은이를 어렵게 찾아내 자신의 조부모와 시골 마을 경관에 대한 탐구하는 기회를 마련했다. 그리고 먼저 연구에 참여하는 학생의 특성을 다음과 같은 순서로 정리했다: ① 전통생태지식 연구에 관심을 가지게 된 동기와 배경, ② 현지답사를 진행하기 전과 후의 전통생태지식에 대한 이해의 변화, ③ 연구 후의 면담을 통해 전통생태지식 연구가 교육적으로 가지는 함의에 대한 내용. 특히, 젊은 세대가 스스로 질문을 만들고 연구할 수 있도록 세 번의 반구조화된 면담을 통해 사회생태기억 모형(김고운 2016)을 활용하여 전통생태지식에 대한 내용을 전달했다. 이러한 시도로 젊은 세대가 직면한 여러 상황들 속에 전통생태지식 교육의 의미에 대한 탐구 내용을 다뤄보고자 했다.

온라인 연구자 모집 공고문을 통해 만나게 된 이평화(가명)는 서울에서 태어나 줄곧 서울에서 거주한 20대 중반의 대학 졸업반이다. 어머니의 고향이자 외조부모가 살고 있는 충청북도 보은의 애곡리라는 산촌 마을에 자주 다닌 경험과 진로에 대한 고민으로 연구자 모집 공고문에 관심을 가지게 됐다. 연구는 2014년 3월부터 8월까지 반 년 동안 진행됐다. 이 장에서 정리된 내용은 6회의 면담자료, 4회의 현지조사와 참여관찰, 2회의 자기보고서 내용을 바탕으로 한다.

2. 연구 방법

1) 반구조화된 면담과 사회생태기억 모형의 활용

반구조화된 면담(semi-directive interviews)은 연구자가 연구 질문과 관련된 주요 질문 주제, 즉 일종의 가이드라인을 가지고 있지만, 면담이 진행될 때의 흐름이나 형식을 크게 제한하지 않는 방식이다. 이것은 전통생태지식 연구의 대표적인 방법의 하나이다(Huntington 2000). 특히 주제와 규모 측면에서 하나의 생물종에 국한하여 집중할 때처럼 특별한 경우에 추천되는 연구 방법이다(Huntington 1998). 우리 연구에서는 사회생태기억 모형을 가이드라인으로 활용하여 총 3회의 반구조화된 면담을 진행했다.

사회생태기억 모형은 ① 사람과 ② 경험 또는 실천, ③ 장소 또는 공간이라는 3요소가 복합적으로 작용하여 생태소양과 장소성(place attachement), 경관의 다양성이 형성되어 기억으로 존재한다는 이론을 근거로 한다(Kim et al. 2017). 이 연구에서는 생태소양과 장소성, 경관의 다양성을 면담 주제로 정한 다음 각 주제에 대한 질문을 연구자가 시작하고 관련 주제 안에서 자유롭게 대화하는 형식으로 면담을 진행했다. 또한 참여자가 어느 정도 자신의 이야기를 개방한다고 판단되면 전통생태지식 연구에 대한 정보와 관련 지식을 주제에 맞춰 전달하고, 대화를 통해 참여자의 인식을 확인했다. 이 방식으로 이평화가 전통생태지식 연구에 관심을 가지게 된 배경과 이유, 우리 연구에 대한 인식 등을 이해하게 됐다.

2) 참여관찰

이평화가 할머니를 인터뷰하고 연구를 위해 마을을 살펴보는 과정을 연구자가 동행하며 관찰했다. 참여관찰(participant observation)로 알려진 이 연구 방법은 문화기술지(ethnography)를 이용하여 현지인의 관점에서 현지인의 삶을 이해하는 접근이다. 이 방법은 연구 대상자가 하는 말과 행동이 보이는 것은 전부가 아니며 그 이면에 문화적 지식(cultural knowledge)이 작용하고 있다는 사실에 근거를 두고 있다(Spradley 2016). 참여관찰과 함께 이평화가 연구 과정에 직접 관여한 다음 제시한 과제(자기보고서)에는 직접 찍은 마을 경관 요소들의 사진과 그린 지도가 함께 들어 있다.

3. 전통생태지식 연구의 인식에 영향을 주는 요소

1) 제도권 교육

> "저는 사회과학 공부를 해보지 못해서 이게 과학적으로 증명이 되는 건지 이런 생각만 가지고 있었거든요."
>
> (이평화, 답사 전 첫 번째 면담 중)

생태소양은 첫 번째 면담 주제였다. 주제에 대해 자유롭게 대화를 나누면서, 전통생태지식과 관련된 소양과 인식에 영향을 끼치는 요소를 확인해보았다. 가장 큰 영향 요소는 제도권 교육에 익숙해진 이평화의 경험이었다. 학교에서 배운 "공부"에는 일상생활에 필요한 생태지식은 거의 포함되지 않았다. 특히 이과와 문과로 나뉜 교육제도의 경험은 이평화가 전통생태지식을 사회과학의 일부로 여기는 데 중요한 요소로 작용한 것으로 보였다. 이평화는 학부에서 산림자원학을 전공하여 전통생태지식 연구의 중요한 대상인 마을숲에 대해 일찍이 배울 수 있었다. 그러나 마을숲의 개념이 사회과학적이라는 생각으로 그것의 존재와 기능이 과학적인 연구 대상이 될까 하는 의문을 가지는 정도에서 그치고 더 이상 학습은 진척되지 않았다고 말했다.

> "저는 항상 해야 한다고 정해둔 것만 하고 또 잘 해왔거든요. 진짜 공부만 한 것 같아요. 그런데 탈선?이라고 해야 하나? 좀 다른 선택을 하는 사람들을 전 항상 동경해요."
>
> (이평화, 답사 전 첫 번째 면담 중)

이평화는 자신이 '해야 하는 것만 해왔다'고 고백했다. 그녀에게 해야 하는 것은 '공부'다. 흔히 사회에서 말하는 '모범생'으로 외부 평가 기반의 교육 시스템에서 좋은 평가를 받으며 이제껏 지내왔다는 것이다. 우리 사회는 좋은 성적을 받고 명문대학교에 진학하는 것을 '모범적' 삶으로 평가하고, 학생들은 인정받기 위해서 다른 학생과의 경쟁에서 이기고자 한다. 사회에서도 대체로 인정하는 모범생이었기에 이평화는 공부 이외의 것을 선택하는 것을 탈선이라고 보았다.

2) 대안적 삶에 대한 관심

"공부"에만 열중하던 이평화는 대안적 삶에 대한 모색으로 새로운 변화를 경험한 것으로 보인다. 우연히 관심을 가지게 된 동물에 대해 더 공부하기 위해 친구들과 함께 동아리 활동을 하게 됐다. 그 과정에 육식 문화에 대한 독서로 채식을 실천하게 되었다. 채식 경험은 사회-생태 문제에 대한 문제의식이 삶의 방식, 즉 실천 영역에도 영향을 끼치기 시작한 지점이었다. 이러한 경험으로 대안적 삶의 방식, 특히 지속가능한 사회의 구현을 위해 실천 가능한 지식과 참여 영역에 관심을 가지게 되었다. 전통생태지식에 대한 인식도 이 과정에 자연스럽게 나타났다.

3) 부모의 영향

어릴 적 시골에서 생활하며 삶의 영감을 많이 받은 이평화의 모친이 고향으로 귀촌을 하면서 충북 보은에 더 자주 방문하게 되었다. 거주지를 보은으로 옮긴 모친과 주말마다 방문하며 귀촌을 준비하고 있는 부친의 삶의 만족도가 높아진 것을 지켜보며 이평화도 시골에서의 생활을 긍정적으로 생각하게 되었다. 또한 주기적으로 보은을 방문하는 기회가 늘어났다. 그가 우리 연구에 참여하게 된 것도 근래의 생활에 영향이 많았다고 했다. 또한, 그의 모친은 어린 시절의 사회생태기억으로 지금의 관심사(자연예술)가 생겼고, 늘 자연에 관심을 가지고 있었으며, 이는 이평화의 대학 전공을 선택하는 데도 영향을 끼쳤다.

4) 전공의 영향

이평화는 모친의 권유에 따라 산림자원학이라는 전공을 선택했다.

대학 친구 중 다수가 농촌 관련 연구원에서 일을 하고, 농촌과 관련된 연구 주제와 다양한 쟁점들을 대학 과정에서나 친구들을 통해 접해왔다. 이러한 전공의 영향은 지속가능발전 관련 담론과 생태, 농촌 등과 관련된 어휘에 익숙해지는 데 큰 역할을 했다.

4. 전통생태지식 연구의 전과 후

연구대상지인 충청북도 보은군 회인면 애곡리(예전 이름 쑥티마을)라는 마을은 담양 우씨 가문이 몇백 년 동안 세세손손 이어온 삶의 터전이다. 전기가 들어오고 세탁기를 사용하며 빨래터가 미나리 깡으로 바뀐 정도 이외 애곡리의 토지 이용에는 큰 변화가 없었다. 밭과 집, 뒷산 등은 여전히 마을 주민들이 관리하고 있다(〈그림 3-1〉).

연구 기간 동안 이평화는 3번 현지를 방문했고, 조모와 마을 어르

〈그림 3-1〉 다음(Daum) 지도에서 제공하는 보은군 회인면 애곡1리 위성사진

신들의 면담도 했다. 우리는 현지조사 전과 후에 그에게 두 가지의 뚜렷한 인식 차이가 생겼다는 사실을 확인했다. 하나는 경관 요소에 대한 인식의 범위와 정도가 늘어난 것이고, 다른 하나는 마을을 경계를 지닌 공간으로 인지한 사실이다.

1) 경관 요소에 대한 인식의 확장

이평화의 현지조사 전 시골마을에 대한 인식은 자신의 어린 시절 경험에 기반해 형성되었다. 면담에서 이평화는 어렸을 적 할머니 댁을 자주 들리고 대학 시절에는 방학 때 잠깐 살아본 경험도 있다고 했다. 주로 할머니 댁과 어린 시절 동네 아이들과 놀던 마을 언덕배기 "왕재"에서 시간을 보낸 이평화는 마을 지도를 그려달라는 요청에 왕재와 할머니 댁, 할머니 댁 주변 집들, 그리고 길로 마을을 설명했다(〈그림 3-2a〉).

현지조사 다음 그린 마을 지도에는 사당과 밭, 소나무 군락, 못 등 조모와의 면담과 답사를 통해 새롭게 인식한 마을의 경관 요소가 다수 포함되어 있었다(〈그림 3-2b〉). 흥미롭게도 새롭게 그린 지도에는 조모의 집이 지도의 중앙에 있다. 이는 조모와의 면담을 통해 조모의 마을에 대한 장소성(sense of place)이 어느 정도 전달되거나 새로운 장소애(place attachment)가 형성되었음을 의미한다.

이평화는 조사를 진행하면서 마을 경관과 그 경관을 활용한 전통적 삶의 방식에 대해서 이해를 확장해갔다. '할머니 동네'에서 이전 세대들의 삶이 이어져 내려온 문화 공간으로 애곡리를 다시 보기 시작한 것이다. 이러한 배움의 과정을 확인하고자 우리는 마을의 대표적 경관 요소를 선택해 사진으로 찍어달라고 요청했다. 〈그림 3-3〉

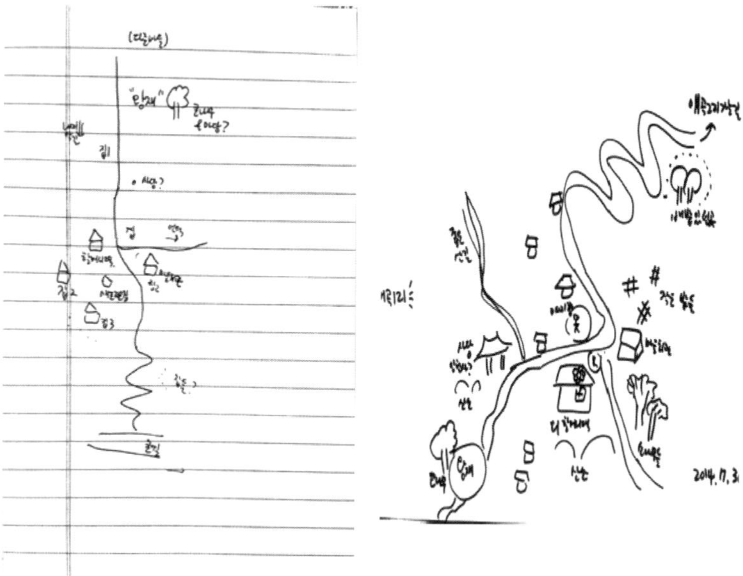

(A) (B)

〈그림 3-2〉 전통생태지식 연구 참여 전과 후에 그린 마을지도

은 이평화가 할머니와의 면담에서 새롭게 인식한 장소들을 직접 찍고 이름 붙인 자기보고서의 일부(사진들)이다.

문화기술지 연구 분야에서 사진은 연구자의 편견을 반영하는 자료로 이해된다(윤택림 2004). 윤택림은 무엇이 사진을 찍을 만큼 중요한 것인가에 대한 결정은 연구 목적뿐만 아니라, 연구자 자신의 '문화적 조건 짓기'에 영향을 받는다고 설명한다. 연구에 참여하면서 이평화는 '마을'이라는 공간을 이루는 요소 중 마을의 정체성을 드러내고 지속가능성의 열쇠를 쥐고 있는 경관 요소가 무엇인지 질문하기 시작했다. 그리고 이전에는 단순한 '경치'나 '경관' 또는 '존재'로 그저 스쳐보았던 모습들을 직접 사진 자료로 남기며 제목을 붙였다. 사진과

왕재, 나무, 능선

왕재, 나무, 능선2

왕재, 나무, 능선3

밭과 도랑

밭과 도랑 2

삼현사

소나무(마을숲)과 묘들

〈그림 3-3〉 연구참여자가 찍은 마을의 경관 요소

면담을 통해 단순한 현상 혹은 존재에 그쳤던 마을을 이루는 여러 경관 요소들이 이제는 의미를 가진 '존재자'로 인식되고 있음을 확인할 수 있었다.

이평화에게 사진의 경관 요소에 대해 설명을 요청해보았다. 그의 대답에는 조모의 이야기로 알게 된 여러 전통경관 요소의 내용이 많았다. 할머니와의 대화를 통해 '마을 주민들이 절대로 베지 않는다'는 무덤 아래 소나무 군락(마을숲)과 마을의 정신이 담겨 있는 사당, 마을 주민들의 순환적 물 이용과 관련 있는 빨래터와 도랑이 이평화에게 새로운 경관 요소로 이해됐음을 확인했다. 또한, 사진은 마을의 남서쪽(풍수에서 우백호) 경계가 되는 능선도 언급하고 있는데, 이는 마을의 경계에 대한 이해가 지형적 경계에 의해 생성된 것으로 보인다.

2) 경계를 지닌 공간으로서 전통마을

> "그런데 있잖아요, 마을이란 게 정의가… 저희 시골을 보면 시골만 마을로 볼 수도 있고 옆 동네까지도 마을로 볼 수 있고, 마을과 떨어진 밭도 포함할 수도 있고 안 할 수도 있고요… 왜냐하면 거기가 산골이다 보니까 집이 있는 곳하고 밭이 있는 곳하고 떨어져 있거든요. 그런데 그런 곳에는 밭까지 마을로 포함해야 하는 건가요?"

> "그러니까 (마을 주민들이게) 경계가 확실한 거예요. 내부면 모든 걸 다 내주고 공유하고 외부면 절대 들어올 수 없고..."

서울에서 태어나고 자란 이평화에게 삶의 영역에 경계가 있다는 것은 새로운 발견이었다. 마을 이장님과의 면담을 통해 마을의 역사와 입지적 조건을 알게 된 이평화는 마을이 풍수사상적 맥락에서 형성된 경계가 있는 공간이라고 이해할 수 있었다고 했다. 실제로 이평화가 사진을 찍기 위해 뽑은 애곡리의 경관 요소는 “안산”을 제외하고는 모두 마을 공간의 좌청룡과 우백호로 추정되는 능선 내부에 존재하는 것들이었다. 정해진 시공간적 규모 내부에서 생존을 이어오던 과거에는 삶의 공간 내부와 외부에 대한 경계가 비교적 확실히 있었으며, 수구막이형 마을숲과 같은 경관 요소는 이러한 경계에 대한 우리네의 정서를 잘 반영한다. 풍수지리적 입지도 경계를 지닌 공간으로 마을을 인식하는 데 큰 영향을 준다. 경계가 있는 공간 내에서 한정된 자원으로 삶을 지탱하기 위한 노력의 흔적을 발견하는 것은 전통생태지식 연구가 지속가능발전 담론에 기여할 수 있는 가장 중요한 주제이기도 하다(이도원 등 2012 참고).

5. 전통생태지식 연구의 교육적 의의: 장소성 형성과 관찰의 일상화

1) 장소성

> “할머니와 그렇게 오래 대화를 해본 적이 없거든요. 솔직히 뭐 할 이야기가 없잖아요. 그런데 이번에 가서 이야기도 많이 하고 할머니에 대해 많이 알게 된 것 같아요.”
>
> (이평화, 현지조사 후 첫 번째 면담 중)

장소성은 개인의 특정한 장소에서의 경험과 애착으로 생기기도 하지만, 다른 존재와의 교류와 경험을 통해 생기기도 한다. 투안(1977)

에 의하면 공간은 장소보다 추상적이며 움직임이 일어나는 곳이라면 장소는 정지이다. 이번 연구를 통해 이평화는 풍수적 사상의 반영체로서 마을 '공간'에 대해 새롭게 이해했을 뿐만 아니라 할머니의 삶에 대한 이해를 바탕으로 할머니 기억 속에 존재하는 마을 내 '장소'들의 새로운 가치를 경험했다. 면담을 통해 이평화는 전통생태지식 연구를 한 경험으로 조모의 삶을 이해하고 가깝게 된 것이 마을을 이해하는 데도 큰 도움이 되었고, 개인적으로도 가장 큰 수확이라고 말했다. 이평화는 조모가 마을이라는 장소 속에서 형성해 온 장소의 정체성(Relph 1976)을 공유한 것으로 보인다. 실제로 이평화는 마지막 면담에서 "우리 시골"이라는 표현을 빈번하게 사용했는데, 이를 통해 전통생태지식 연구를 통해 알게 된 마을의 여러 모습과 할머니의 삶에 더욱 애착을 가지게 된 것을 알 수 있었다.

2) 일상에서의 관찰

> "솔직히 시골가면 그냥 할머니 댁에서 혼자 지냈어요. 주변에 있는 자연물들이 그렇게 뜻이 있는지 전혀 몰랐거든요."
>
> (이평화, 현지조사 후 첫 번째 면담 중)

많은 사람들이 건조 환경(built landscape)에 둘러싸여 거주하면서 인간과 자연과 관계 짓는 것이 더욱 어려워졌다. 버키스(Berkes 2008)는 자연으로부터의 소외(alienation)가 현대 사회의 환경 문제의 원인이 되었고, 자연과의 새로운 관계 모색의 필요성이 촉발되었다고 한다. 자연과 관계 짓는 것은 자연에 대한 호기심과 관심, 관찰에서 비롯된다. 그러나 오늘날의 제도권 교육은 또래 집단과의 경쟁을 부추기며 시험 중심의 학습을 강조한다. 이러한 구조 속에서 학생들은 자연과의 소외뿐만 아니라 세대 간 소외를 경험한다. 우리가 이평화를 통해 발견한 문제는 이러한 소외적 관계가 습관화되어 일상생활에서 가질 수 있는 자연 소재에 대한 관심과 관찰을 주체적으로 하는 것이 무척 어려워졌다는 사실이다.

전통생태지식 연구의 경험으로 이평화는 이전에는 주의를 기울이지 않았던 마을 내의 경관 요소를 발견하기 시작했다. 현지조사 후 면담을 통해 이평화는 연구에 참여하지 않았더라면 한 달에 2번 이상 방문하는 시골 마을의 곳곳을 돌아다니며 관찰하지 않았을 것이라고 고백했다. 전통생태지식 연구 경험을 통해 마을 경관과 어르신들의 삶에 대한 궁금증이 생겼으며, 현지조사 이후 방문을 할 때마다 새로운 것이 보인다고 덧붙였다. 일상에서 주변을 관찰하며 호기심이 발동되어 질문을 갖는 것은 생태소양 함양에 가장 중요한 덕목이라 할 수 있다. 전통생태지식 연구는 오늘날의 젊은 세대가 지닌 제도권 교육의 부작용과 한계를 극복하고, 스스로 배움의 주체가 되어 능동적으로 주변을 관찰할 수 있는 기회를 제공할 수 있다.

이번 연구는 우리가 전통생태지식 연구를 계획할 때 염두에 두어야 할 젊은 세대의 여러 특징과 사회적 요소를 이해하는 데 큰 도움을 주었다. 특히, 제도권 교육을 경험한 젊은 세대가 전통생태지식에 대해 가지고 있는 선입견에 대한 발견은 오히려 전통생태지식이 제도권 교육 내에서 대안적 과학 교육의 한 종류로 꼭 필요함을 인식하는 계기가 되었다. 이를 바탕으로 다음 장에서는 정규교육과정 일부로 전통생태지식 이론을 활용하고 학생의 참여를 이끌 수 있는 학습모형을 개발해보고자 한다.

제 4 장

정규 수업과정으로서 전통생태지식 교육

제4장 정규 수업과정으로서 전통생태지식 교육

우리는 앞 장에서 전통생태지식 교육을 위한 현장조사를 소개했다. 사례 연구를 통해 전통생태지식 교육은 세대 간의 소통뿐만 아니라 개인의 생태소양 함양에 기여할 수 있음을 확인했다. 이번 장에서는 전통생태지식 교육이 정규 수업과정에서 기존 교과과정의 한계를 보완할 수 있는지 살펴보고, 대학의 학부 수업 사례에서 개발한 학습모형과 결과를 정리했다.

1. 생태학 교과과정의 한계

1) 생태 교과 이론의 한계와 전통생태지식의 상호 보완적 역할

생태학은 19세기 유럽에서 생물학의 한 분야로 자리잡기 시작한 이래 꾸준히 발전하고 있다. 그러나 대부분의 생태학 교재와 교과과정에서 토착지식 체계의 경험적인 지식 형성 과정을 다루지 않고 (Kimmerer 2002), 지역의 이질성과 역동성, 다양성을 배제하여 인종주의와 문화적 제국주의에 빠져있다는 비판을 받기도 한다(Eijck and

Roth 2007). 환경・생태문제를 접근할 때도 교과서 중심의 생태 과학은 미흡한 설득력으로 지적을 받는다(Lewinsohn et al. 2015). 이러한 생태학의 한계를 전통생태지식 교육으로 보완할 수 있다는 제안은 비교적 최근에 나타나기 시작했다.

기존의 생물학 또는 생태학 교과과정에 전통생태지식을 다룰 때 기대되는 효과를 정리하면 다음과 같다(Kimmerer 2002).

첫째, 전통생태지식은 새로운 생물학적 통찰력을 제공하고 보전생물학과 지속가능발전의 대안적 모델이 될 수 있다.
둘째, 전통생태지식 연구는 현대과학 교과과정에는 없는 다문화적 관점을 제공한다.
셋째, 전통생태지식에 대한 인식은 서양 과학에 익숙한 과학자들과 토착 민족 혹은 지역 주민과의 생산적인 교류의 기회를 제공한다.
넷째, 토착 지역 출신의 학생과 과학 분야의 활동가의 참여도를 증진시킬 수 있다.
다섯째, 과학적 쟁점과 문화적 쟁점을 통합시키는 장점이 있다.

전통생태지식은 교육 현장에서 생태학을 보완함으로써 교육적 효과를 상승시킬 수 있다. 더 구체적으로 살펴보면 생태학과 전통생태지식은 다루는 생태소양의 범위부터 철학적 뿌리, 원리나 목적 등이 상호 보완적이다(〈표 4-1〉). 생태학은 자연과학의 한 분야로서 실험을 통해 가설을 검정(test)하고 개념과 이론을 중심으로 발전해나간다. 검정된 가설은 개념과 이론의 형태로 대중에게 개방된다. 이에 반해 전통생태지식은 실제 생활에서의 경험과 학습을 토대로 검증되고 구전으로 특정한 지역 경계 내에서 전해진다. 생태학과 전통생태지식의

〈표 4-1〉 생태학과 전통생태지식의 상호 보완적 속성(Complementary attributes)

속성(Attribute)	생태학(Ecology)	전통생태지식(TEK*)
생태소양(Ecoliteracy)	개념(Concepts) 역량(Competencies)	장소성(Sense of place) 존중(Respect)
세대(Generation)	실험(Experiment) 이론(Theory)	경험(Experience) 숙고(Contemplation)
정보(Information)	일반화(Generalized)	맥락화(Contextualized)
철학(Philosophy)	환원주의(Reductionism)	전체론(Holism)
관점(Perspective)	객관적(Objective)	주관적(Subjective)
형태(Form)	양적(Quantitative)	질적(Qualitative)
공간적 규모(Spatial scale)	생태계(Ecosystem) 종개체군(Species's population)	지역(Local)
시간적 규모(Temporal scale)	역사적(Historical)	다세대적(Multigenerational)
전승(Transmission)	기록(Written)	구전(Oral)
교류(Exchange)	경쟁적(Competitive)	협력적(Cooperative)
되먹임(Feedback)	동료평가(Peer-review)	사회적(Social)
이용 규칙(Rules of use)	편향되지 않음(Unbiased)	윤리적(Ethical)
적합성(Legitimization)	재현가능성(Reproducibility)	원로들(Elders)
사회 조직(Social organization)	위계(Hierarchy)	친족계(Kinship system)
기관(Institution)	학계(Academy)	문화(Culture)
소유권(Ownership)	개인적(Individual)	공적(Communal)
접근(Access)	개방적(Open)	보호된(Guarded)
원리(Principle)	공평(Equity)	호혜적(Reciprocity)
목적(Purpose)	책무(Stewardship)	생존(Survival)
사용(Use)	관리(Management) 정책(Policy)	전통(Tradition) 관습(Customs)
의무(Accountability)	대중(Public)	공동체(Community)

출처: Lam, 2014.
*TEK: Traditional Ecological Knowledge.

상호 보완적 속성을 통해 이루어지는 생태교육은 학생들의 생태소양 함양으로 연결되는 데 효과적이고, 다양한 구성원의 참여를 증진시키는 교육문화적 이점도 지닌다(Lam 2014). 무엇보다 전통생태지식은 사회-문화적 요인으로 일어나는 생태 문제를 문화적이고 윤리적인 관점에서 해석하는 여지를 제공한다는 점에서 교육적인 의의가 크다.

2) 실내학습의 한계와 야외학습의 필요성

생태교육과 환경교육의 궁극적인 목적은 다음의 두 가지로 요약된다. 첫째, 환경적으로 책임감 있는 행동을 할 수 있도록 동기를 부여한다. 둘째, 보전과 자연에 대한 학생의 태도에 장기적인 영향을 끼칠 수 있는 기본적이고 핵심적인 지식을 제공한다(Risser 1986). 현지조사와 같이 실재하는 생태 현상과 환경 문제를 발견하는 경험은 학생들의 동기 부여와 지식의 내재화에 큰 도움이 된다. 그러나 많은 경우 생태 교과와 환경 교과가 실내에서 주로 이루어지는 것이 현실이다(임은진, 2011; Dillon et al. 2006). 교사의 역량 부족과 부담감, 건강과 안전에 대한 우려, 시간과 재정적 지원의 부족, 학교 교과과정의 요구 조건 등이 야외학습의 걸림돌로 작용하기 때문이다.

야외학습의 효과는 이미 여러 연구를 통해 입증된 바 있다. 야외학습은 학습자의 기억 속에 강하게 남을 뿐만 아니라(Falk and Dierking 1997), 실내수업에 비해 인지능력 발달에 더 효과적이다(Dillon et al. 2006). 대표적으로 미국 국립 야외 휴양 지도자 학교(National Outdoor Leadership School)의 사례가 있다. 이 연구에서는 야외체험교육(Outdoor adventure education) 얻는 교육 효과를 "개인 성장"으로 정의하고, 개인 영역에서 크고 작은 변화가 일어난다고 정리했다(D'Amato and Krasny 2011). 그 까닭은 야외학습을 통해 이루어지는 교육 주제의 범위에 포함되는 네 가지가 생태에 국한되지 않고 개인의 역량과 성장과 관련되기 때문이라고 설명했다(〈표 4-2〉). 여기서 네 가지 주제는 "자연

〈표 4-2〉 야외활동이 개인에게 미치는 영향

주제(Theme)	하위 주제(Sub-theme)
자연 그대로의 환경에서 사는 것	정신적 건강
	자연과의 교감
	자연에 대한 경외심과 영감
다른 생활양식을 경험하는 것	"평범한 삶"과의 분리
	활동과정 중 삶의 양식
	집으로의 귀환
학습과정 공동체의 일원이 되는 것	
학습과정의 어려움과 도전과제를 경험하는 것	도전을 통한 능력향상(empowerment)
	높은 강도로 인한 열중(engagement through intensity)

출처: D'Amato and Krasny 2011.

그대로의 환경에서 사는 것", "다른 생활양식을 경험하는 것", "학습과정 공동체의 일원이 되는 것", "학습과정의 어려움과 도전과제를 경험하는 것"을 말한다. 생태교육에서의 야외학습은 실내에서 경험할 수 없는 학습 과정을 제공함으로써 개인 영역에서의 변화의 기회를 제공하고, 이는 곧 개인의 생태소양을 향상시킨다는 것이다.

전통생태지식을 소재로 하는 야외수업은 구전으로 전해지는 지역의 생태지식과 지혜를 세대 소통을 통해 배우게 된다. 사람들이 살아가는 가정 혹은 마을에서의 체험을 통해 생태적 가치를 근본으로 하는 삶의 양식, 즉 일상의 생태중심주의를 간접적으로 경험하고 목격한다(Payne 2010). 예전에는 이러한 경험이 당연한 것이었지만 도시화와 핵가족화로 어려워졌다. 그렇다 하더라도 학생들이 새로운 지역을 방문한다면 거기에서 자신이 지금까지 경험한 지역과 다른 생태적 특성을 발견할 여지를 가진다. 발견한 생태적 차별성을 반영한 지역 문화와 역사가 어떻게 이루어져 왔는지를 조사하고 배운다면 생태학이 우리 삶의 많은 것들과 연결되어 있다는 사실을 인식하게 된다. 이

〈표 4-3〉 학습모형 개발의 목적과 내용

학습모형 개발 목적과 세부 내용	
생태 이론의 통합적 접근	생태학과 전통생태지식의 통합
생태 소양 함양	자발적 관찰과 문제의식
세대 소통	세대 간 소통과 간 세대 소통
학습 영역의 세분화	개인 영역의 학습과 집단 학습
학습 장소의 다양화	실내수업과 야외수업의 균형

러한 경험을 통해 학생들은 환경 의사소통(environmental communication)의 촉매 역할을 하는 소양을 기를 수 있다(Ballantyne 1998).

2. 전통생태지식 교육을 위한 학습모형 개발

이러한 이해를 바탕으로 우리는 생태학 교재 중심의 교과과정과 실내수업 중심 교육의 한계를 보완할 수 있는 전통생태지식 이론과 현지조사를 포함하는 학습모형을 만들어보았다. 학습모형 개발 과정에 특별히 고려한 내용은 다음 사항들이다(〈표 4-3〉): ① 생태학(특히 경관생태학)의 "공간" 기반 접근 방법과 전통생태지식의 "장소" 기반 접근 방법의 통합; ② 내가 속한 지역의 사회-생태 쟁점과 과학-문화 쟁점을 발견하고 문제의식으로 발전시키는 소양(시민성)의 배양; ③ 토착주민 혹은 어르신 세대와의 소통(intergenerational communication) 및 (타전공) 또래 집단과의 소통(intragenerational communication), ④ 개인 영역의 학습과 집단 영역의 학습을 모두 포함하는 체계적 교육과정, ⑤ 실내수업과 실외수업의 균형이다.

1) 교과목과 교재 선정

서울대학교의 『생활 속의 생태학: 여행으로 익히는 생태학 원리』 학부 수업을 통해 학습모형 개발과 사례 연구를 진행했다. 이 수업에 대한 교과목 설명은 다음과 같이 수강신청 기간 동안 공개되었다.

> 교과목 개요: 생태학은 생물과 생물, 생물과 환경의 관계를 연구하는 학문으로 정의된다. 이 정의는 사람을 포함하는 생물들의 삶의 방식을 환경의 특성에 의해 설명하는 것을 뜻한다. 우리가 일상에서 만나는 모든 현상들은 비생물 요소와 생물, 사람의 삶과 관련이 있는 만큼 모든 것은 생태학의 대상이 된다.
>
> 이 강의에서는 일상생활과 풍경에 깃들여 있는 생태적 원리를 만나고 읽는 훈련을 목표로 한다. 강의는 강사가 보고 겪은 현상들을 사진 중심으로 소개하고 학생들은 생태학적 관점에서 자신들의 경험을 제시하여 이야기를 나누는 방식으로 진행한다. 아울러 현장 답사를 통해 서로 보고 익힌 내용을 답사기로 정리하는 기회를 가진다.

수업 교재는 교수자가 국내와 국외 답사를 통해 발견한 생활 속 생태학 원리에 대해 정리한 답사기를 엮은 문집을 활용했다.[1)] 매주 주제에 맞춰 늦어도 강의가 있기 한 주 전에 읽을거리로 답사기 한 편과 함께 관련된 현장 사진들과 생태 이론을 정리한 발표자료(파워포인트 슬라이드)를 제공했다(〈표 4-4〉).

---

1) 이 답사기 일부는 나중에 『관경하다』와 『출근길 생태학』 두 권의 책으로 출간되었다.

〈표 4-4〉 수업의 주별 주제

차수	주제
제1주	강의 개요 소개, 강사와 수강자 요망 사항 소통 출근길 생태학1: 버스 타기와 걷기 1
제2주	출근길 생태학2: 버스 타기와 걷기 2
제3주	출근길 생태학3: 걷기
제4주	관악산과 한양 풍수: 서울의 물 사정
제5주	지리산 권역 마을숲(2010년 11월)*
제6주	일본 가나자와 사토야마(2010년 12월)
제7주	네팔(2014년2월)과 중국 운남 시솽반나/위엔양(2014년 3월)
제8주	장춘-연길-두만강-백두산(2010년 10월)
제9주	몽골 고비(2010년 8월)답사
제10주	현장 탐방(야외 수업)
제11주	중국 신장 텐산북로(2007년 7월)
제12주	학생 공동 과제 발표
제13주	터키(2009년 7월)
제14주	미국 오리건주(2007년 2월)
제15주	총정리

* 괄호 안은 답사가 이루어진 시기를 가리킨다.

2) 실내학습: 역전학습 방식을 통한 생태 지식 습득

실내수업을 통해 우선 기초 생태학 내용을 가르치고, 학생들 스스로 다양한 자료들을 검색하여 생활 속의 생태학 원리를 찾는 훈련을 했다. 또한 자발적인 수업 참여와 활발한 토론 문화를 형성하기 위해 2015년 2학기와 2016년 1학기에는 역전학습(flipped learning) 교수법을 적용한 수업을 3차례씩 진행했다. 역전학습은 학생들이 동영상이나 읽을거리를 이용하여 예습하고 수업시간에는 그룹 활동이나 질문을 통해 학습 내용을 심화하거나 자신의 이해도를 높이는 방법을 일컫는다(Bergmann and Sams 2014). 교수자가 서울대학교의 이러닝 과목 프로그램에 참여하여 제작해둔 동영상 강의 자료를 역전학습에 적극 활용했다. 아울러 읽을거리와 동영상 자료에 포함된 생태학 이론을 활용하여 자신의 생활 속에서 비슷한 사례를 찾아 기술하는 과제를 부여했다. 학생들은 자기보고서를 수업 이전에 온라인에서 공유한 다음 그룹 활동에서 서로의 자기보고서에 대한 의견을 나누도록 했다. 다행히 익숙한 생활환경에 대한 생태적 사유를 포함하는 강의 내용 덕분에 어느새 등하굣길에 자기 주변을 살피는 변화가 생겼다는 학생들이 보이기 시작했다.

3) 야외학습: 세대 간 소통을 장려하는 현지조사와 성찰적 글쓰기

야외학습은 1박 2일 일정으로 세 개의 활동으로 구성했다. 답사 첫날 현장에서 여러 분야의 전문가와 해설가의 설명을 듣는 시간을 가졌다. 저녁 시간에 학생들은 조별로 준비한 탐구 계획을 발표하고 논의하는 과정에 연구 계획을 수정하고 발전시켰다. 둘째 날 학생들은 각 조별로 마을을 관찰하고 주민들과 대화를 하며 계획한 주제에 대해 조사했다.

조별 공동과제를 수행할 때 학습모형의 목적과 연구의 목적에 맞춰 아래와 같이 세 가지 요건을 제시했다.

> 첫째, 지역 주민(토착 주민이자 어르신 세대)과의 면담을 포함한다.
>
> 둘째, 시공간적 범위를 설정하고 지역 경관(또는 경관 요소)을 연구 내용에 포함한다.

셋째, 전통마을의 사회-생태계의 지속가능성 또는 회복탄력성 과 관련된 주제를 선정한다.

생산적인 야외학습을 위해 연구자들은 먼저 필요한 학습 방법과 교수법을 검토했다. 그리하여 사전 준비학습, 야외학습과 학습평가의 설계, 학습자들의 자유, 후속 실내학습 등에 대해 준비했다(〈표 4-5〉). 야외 답사를 떠나기 전에 대상지에 대한 정보와 야외학습의 목표를 소개한 다음 학생들 스스로 조를 편성하여 주제를 정하고 미리 조사할 항목을 구성하도록 요구했다. 아울러 학교 근처(관악구)에서 짧은 답사를 선행하며 교수자가 의도하는 야외수업의 목적과 분위기를 경

〈표 4-5〉 야외학습의 여러 주제별 준비사항 요약

주 연구 내용	세부내용 및 참고문헌
프로그램 길이에 따른 효율성	야외학습 프로그램의 길이가 환경에 대한 부정적 의식 감소에 중요한 것처럼 보인다. 5일간의 프로그램만이 학습자의 태도변화에 영향을 끼쳤다(Emmons 1997).
야외학습 사전준비	답사지를 미리 방문한 적이 있는 참여자와 아닌 참여자의 기대와 즐김의 차이가 있었다(Ballantyne & Packer 2002). 야외학습의 인식적, 지리적, 정신적 준비의 이유로서의 사전 준비(Orion & Hofstein, 1994). 준비된 야외학습을 만들기 위한 사전 모임과 토론, 설명, 준비물들을 예비하는 시간의 장점들(Healey et al. 2001).
야외학습 및 학습평가 설계	지나치게 과도한 활동지, 필기, 보고서는 학생들에게 인기가 없고, 그들의 환경에 대한 학습에 영향을 끼치는 것 같지 않았다(Ballantyne & Packer 2002). 학생들의 학습은 주변에 대한 경험과 그것의 공유, 그리고 지도자의 숲 환경에 대해 좋아하는 것들과 흥미들의 역할모델이 됨으로써 이뤄졌다(Emmons 1997).
학습자의 학습활동에 대한 선택권	Openshaw & Whittle(1993)은 야외학습 지도자들과 선생님들에게 편안함을 느끼는 구조에 대한 학습자들의 욕구와 예상치 못한 것으로부터의 즐거움이 균형을 맞추는 것을 강조했다.
후속 실내학습	Uzzel et al.(1995)은 야외 활동과 실내 활동의 확실한 연결고리를 강조했다.

출처: Dillon et al. 2006 재인용.

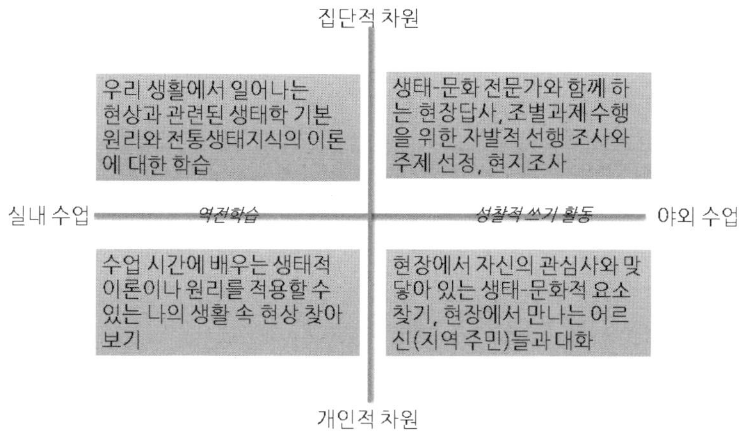

〈그림 4-1〉 정규 대학과정에서 전통생태지식 이론과 현지조사를 포함한 학습모형

험하고 이해하도록 이끌었다. 답사 후에는 개별적인 답사 소감을 나누고 조별 보고서를 발표하며 서로 조언하는 시간을 가졌다. 야외학습에 대한 과제로 조별 보고서와 개인 답사기를 제출하도록 했다. 이 내용을 기반으로 정리한 학습모형의 개념도는 〈그림 4-1〉과 같다.

3. 학습모형 적용의 소결과

1) 실내학습 결과

학생들은 교수자가 제공한 강의 교재와 검색한 자료를 학습하며 일상생활과 관련된 다양한 생태적 개념을 배울 기회를 가졌다. 우리는 학생들 스스로 선정한 사회-생태계 관련 주요어를 통해 생태적 지식과 원리에 대한 이해를 가늠해보았다. 워드클라우드 프로그램을 통해 강의 주제별로 선정한 주요어에 대한 빈도분석을 수행하고 언급

〈표 4-6〉 야외수업(현지답사) 전과 후의 설문 내용 정리(2016년 실시)

질문	학생들의 답
생활 속의 생태학 실내 수업을 통해서 우리나라의 전통적인 마을 경관에 대해 새롭게 알게 된 점이 있다면 무엇입니까?	· 수구막이, 조림 · 그저 산이 있고 물이 있는 곳에 마을이 있다고 생각했는데, 수구막이, 좌청룡, 우백호 등 마을을 둘러싼 다양한 경관과 그 경관이 마을에 갖는 의미에 대해 배웠다 · 마을숲을 마을 공동으로 관리했었다는 것 · 마을숲의 존재, 소나무의 의미, 풍수지리에 입각한 입지 등 · 마을마다 마을숲을 가지고 있다는 점(대부분이 국가 소유의 숲인 줄 알았음) · 아직 없다 · 마을숲의 다양한 기능 · 마을숲이라는 개념 · 수구막이 형태
이번 답사를 통해 배우고자 하는 바와 기대하는 바가 있다면 무엇입니까?	· 주민 간의 소통 · 옛 모습은 어땠을지 · 일반적으로 생각하는 전통마을 사회의 모습과 현재의 달라진 전통마을 모습의 비교 · 겪어보지 못한 시골에서의 삶을 간접 체험하고 시골의 생태계에 대해 지금보다 더 나은 이해 · 처음 농촌마을을 방문해서 배우는 것이 많을 것 같다 · 도시 생활, 도시 경관과 다른 점에 대해 익숙해지고 싶다 · 마을숲의 전반적인 개념, 마을 주민에게 마을숲이 가지는 의미 · 마을숲 관리를 어떻게 하는지 · 외부인의 유입으로 마을 문화가 어떻게 바뀌었는지 알고 싶다. · 마을 어르신들이 마을숲/마을 경관에 대해 평소에 얼마나 관심을 가지고 계신지

빈도가 높을수록 단어를 크게 표현한 결과는 다음 장의 그림과 같다. 그림에서 빈도가 높은 단어들이 대부분 생태 이론 또는 현상과 관련된 것들이라는 사실이 한 눈에 들어온다.

전통생태지식을 포함한 실내수업의 영향을 조사한 결과, 주로 마을숲에 대해 새롭게 알게 되었다고 답한 학생이 많았다. 실내수업은 전통농촌마을 경관 답사에 대한 기대와 탐구주제에도 큰 영향을 끼친 것을 알 수 있었다(〈표 4-6〉).

〈그림 4-2〉 학생들이 직접 선정한 각 차시별 강의 주요어(계속)

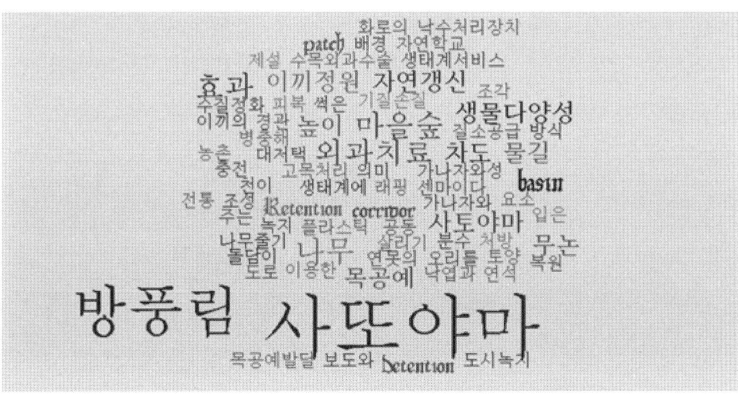

혼농임업
계단논
태양열
계단식
침입종
이용
빗물
생물다양성
마을
마을연못
전통
효과
태양열과
engineering
forest
agroforestry
ecological

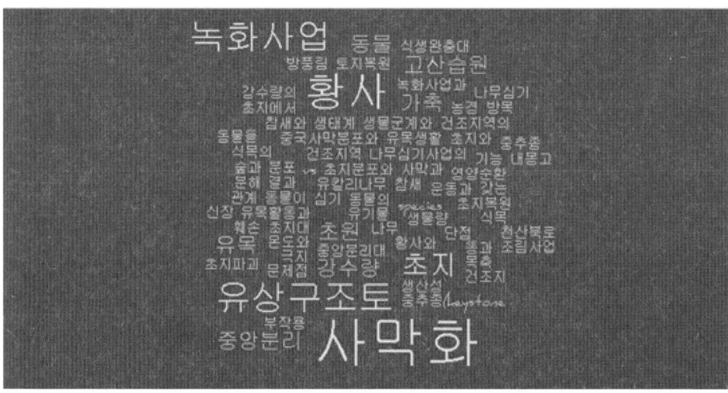
사막화
유상구조토
황사
녹화사업
초지
고산습원
가축
강수량
초원
중앙분리
유목

오보
토양염화
염생식물
토지이용
기반암
terminal
초지
훼손
유목생활
작나무
미세지형
암각화
lake
Bioswale
species
keystone

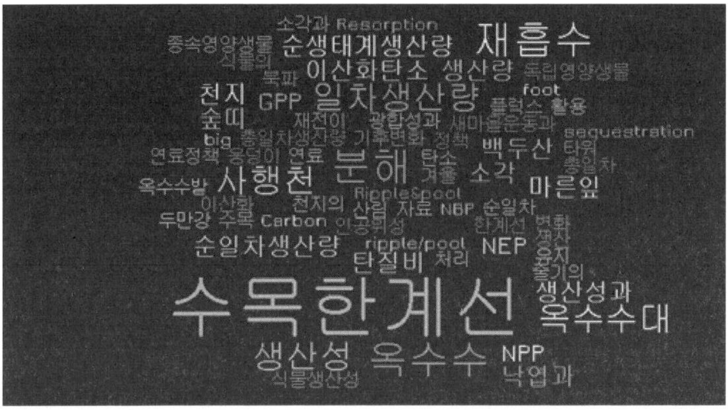
소각과 Resorption
종속영양생물
순생태계생산량
재흡수
이산화탄소 생산량
독립영양생물
천지
GPP
일차생산량
foot
플럭스 활용
숲띠
광합성과
sequestration
big
백두산
분해
사행천
마른잎
옥수수밭
Ripple&pool
두만강
Carbon
NBP 순일차
순일차생산량
ripple/pool
NEP
탄질비 처리
수목한계선
생산성과
옥수수대
생산성
옥수수
NPP
식물생산성
낙엽과
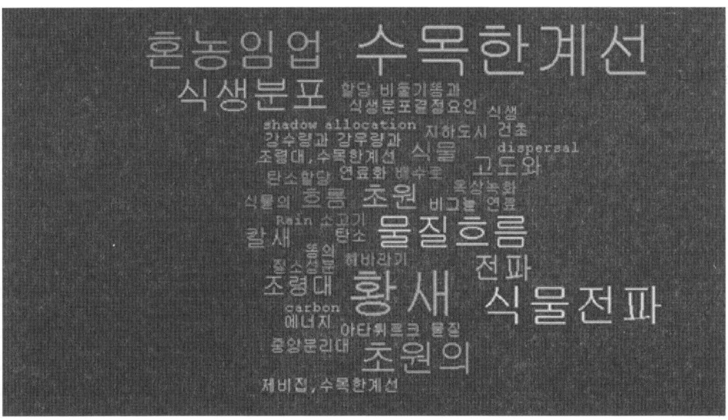
혼농임업
수목한계선
식생분포
식생분포결정요인
shadow allocation
강수량과 강우량과
지하도시 건초
dispersal
조령대,수목한계선
식물
고도와
탄소할당
연료화
옥상녹화
식물의
흐름
초원
비그늘 연료
Rain
칼새
탄소
물질흐름
전파
조령대
황새
식물전파
carbon
에너지
아타튀르크 물질
중앙분리대
초원의
제비집,수목한계선
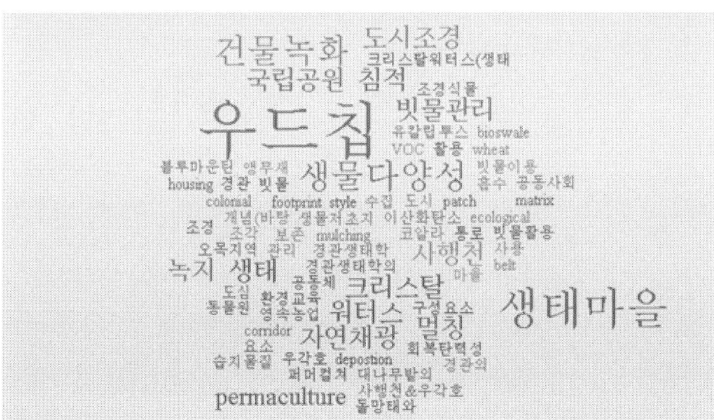
도시조경
건물녹화
크리스탈워터스(생태
국립공원 침적
조경식물
빗물관리
우드칩
유칼립투스 bioswale
VOC 활용 wheat
블루마운틴
빗물이용
housing 경관 빗물
생물다양성
흡수 공동사회
colonial
footprint style
수집 도시 patch
matrix
이산화탄소 ecological
조경
조각 보존 mulching
코알라 통로 빗물활용
오목지역 관리 경관생태학
사행천
녹지 생태
경관생태학의
belt
공동체
크리스탈
도심
환경교육
동물원
영속농업
워터스
구성요소
멀칭
생태마을
corridor
요소
자연채광
회복탄력성
습지불길
우각호 depostion
경관의
퍼머컬쳐
대나무밭의
permaculture
사행천&우각호

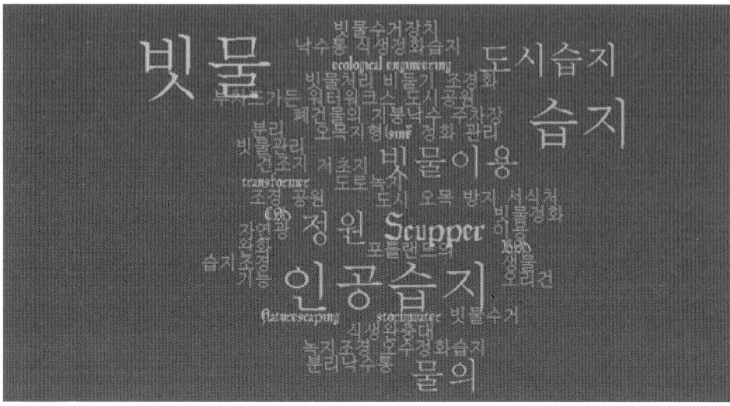

2) 야외학습 결과[2)]

(1) 전통생태지식 탐구 주제

① 지역별 분류

3학기의 수업을 통해 수집한 학생들의 조별 보고서를 지역별로 분류하면 보은군 3편과 외암민속마을 5편이다(〈표 4-7〉).

② 공간적 범위에 따른 분류

주제가 포함하고 있는 공간적 범위를 기준으로, 4개 조는 마을 전체를 대상으로 지역성(site-specific) 보여주고, 다른 4개 조는 마을의 세부 경관 요소인 마을숲과 물길, 굴뚝을 중심으로 조사했다(〈표 4-8〉).

2) 이 부분의 분석 내용은 권정희 박사와 조유리 박사과정생의 도움을 받아 정리했음을 밝힌다.

〈표 4-7〉 학부생 연구 참여자들의 전통생태지식 탐구에 대한 지역별 분류

지역	주제
충청북도 보은군	· 아름마을 개발사업 후 구병마을의 사회적 변화 모습 · 임한리 소나무숲의 건강성 연구 · 기억 속 마을 경관과 정서생물
충청남도 아산시 외암민속마을	· 외암마을 물길의 모습과 회복탄력성 · 외암마을 밤동산을 왜 안 보존할까?: 지속가능한 외암마을 밤동산을 위한 제언 · 외암마을의 통시적 변천에 따른 지속가능성 분석: 건축과 공동체 의식을 중심으로 · 지속가능성 관점에서 본 외암민속마을의 문제점과 보존 방향 제언 · 굴뚝으로 본 외암마을의 계층의 분포

〈표 4-8〉 학부생 연구 참여자들의 전통생태지식 탐구에 대한 주제별 분류

공간적 범위	세부 소재	주제
마을 전체	마을 개발 사업	아름마을 개발사업 후 구병마을의 사회적 변화 모습
	기억 속 마을 경관	기억 속 마을 경관과 정서생물
	건축과 공동체 의식	외암마을의 통시적 변천에 따른 지속가능성 분석
	생태관광	지속가능성 관점에서 본 외암민속마을의 문제점과 보존 방향 제언
경관 요소별	마을숲	임한리 소나무숲의 건강성 연구 외암마을 밤동산을 왜 안 보존할까?
	물길	외암마을 물길의 모습과 회복탄력성
	굴뚝	굴뚝으로 본 외암마을의 계층의 분포

③ 전통생태지식 소재별 분류

학생들의 탐구 주제가 다루고 있는 전통생태지식 소재는 크게 공동자원(common, common resource) 관리, 기억 속 경관과 생물다양성, 전통지식체계 보전과 개발사업 간의 갈등, 건축 양식과 소재, 공동체 기반의 의사결정과정으로 분류할 수 있다(〈표 4-9〉).

〈표 4-9〉 학부생 연구 참여자들의 전통생태지식 탐구에 대한 소재별 분류

탐구 주제	전통생태지식 소재
· 아름마을 개발사업 후 구병마을의 사회적 변화 모습	· 전통지식체계 보전과 개발사업 간의 갈등
· 임한리 소나무숲의 건강성 연구	· 공동자원 관리
· 기억 속 마을 경관과 정서생물	· 기억 속 경관과 생물 다양성
· 외암마을 물길의 모습과 회복탄력성	· 공동자원 관리
· 외암마을 밤동산을 왜 안 보존할까?: 지속가능한 외암마을 밤동산을 위한 제언	· 공동자원 관리
· 외암마을의 통시적 변천에 따른 지속가능성 분석: 건축과 공동체 의식을 중심으로	· 건축 양식과 소재, 공동체 기반의 의사결정과정
· 지속가능성 관점에서 본 외암민속마을의 문제점과 보존 방향 제언	· 전통지식체계 보전과 개발사업 간의 갈등
· 굴뚝으로 본 외암마을의 계층의 분포	· 건축 양식과 소재

3) 개인 답사기 분석결과

(1) 답사기에 반영된 사회-생태계 과정

사회-생태계 개념틀을 바탕으로 학생들의 답사기 내용을 분석해보았다. 전통민속마을의 생태적 요소와 과정, 사회적 요소와 과정을 현장에서 어느 정도 발견하고, 이러한 경험이 사회 요소와 생태 요소 간의 피드백 관계(즉, 사회-생태계)를 이해하는 데 어떻게 기여하는지 알아봤다. 구체적으로 학생들이 답사기에 기술한 내용에 어떤 사회 요소와 생태 요소가 있는지 검토한 다음 변화 또는 교란에 대한 항목을 바탕으로 현재의 외암마을 사회-생태계가 적응 주기의 어느 부분에 해당하는지 요약했다.

① 사회적 요소

학생들은 외암민속마을에 현재도 주민들이 살고 있다는 사실을 알았지만, "민속마을"이라는 이름에 영향을 받았는지 과거의 사회상을 보려는 경향을 보였다. 반면 대부분의 학생들은 외암민속마을 생태관

〈표 4-10〉 답사기에 나타난 사회적 요소의 예시

과거	오늘날
양반과 평민 사람들 사이의 연결성 정월대보름 제사	문화 체험장 마을 주민 짚풀문화제 예안 이씨를 중심으로 한 집성촌 전통마을보존회 문화관광해설사

광지로서의 특성을 현재의 사회적 요소로 언급했다(〈표 4-10〉). 오늘날의 맥락에 있는 마을의 사회적 요소와 과정보다는 관광화된 또는 박제화된 이미지로서 외암마을의 전통성에 주목하는 태도의 결과로 보인다.

② 생태적 요소

• 생물적 요소

답사기에 가장 자주 나타난 생물은 제비다. 다수의 학생들이 사회적 또는 문화적으로 상징성이 큰 생물을 발견했을 때 다른 문제의식과 연결하여 사회-생태적 개념틀에서 질문을 확장하는 경향을 보였다.

> "제비는 예로부터 우리와 함께 생활을 공유하던 새였다. 제비 이야기는 흥부전과 같은 문학작품에서도 쉽게 발견되고, '제비가 낮게 날면 비가 온다.'를 비롯하여 10여 개의 속담에서 제비라는 단어가 포함되어 있다. '강남 갔던 제비'라든지 '제비'의 비유적인 표현 등은 일상생활에서도 흔히 듣곤 했다. 이렇듯 우리에게 친숙하던 제비가 점점 우리나라를 찾아오지 않는 현상을 단순히 '우리나라가 좋은 방향으로 발전하는 과정의 어쩔 수 없는 현상' 정도로 치부할 수 있을까?"
>
> -고OO 답사기 중

〈표 4-11〉 답사기에 언급된 경관요소

기단굴뚝, 장승, 인공수로, 건재고택, 가랖집, 송화댁, 물길, 돌담, 굴뚝, 정원, 돌담길, 우물, 옹달샘, 논, 논두렁, 개천, 다리, 송화댁, 참판댁, 사당, 설화산(문필봉), 이간 선생묘, 마을숲, 수구막이숲, 기와집, 텃밭, 빨래터, 화단

• 비생물 요소(가택과 경관요소 중심)

경관 요소에 대한 인식은 문화해설사와 동행했던 전문가의 설명과 자신들이 선정한 조별 과제 내용에 영향을 받았겠지만 학생 개인의 특성도 반영됐다. 〈표 4-11〉과 같은 경관 요소들 중에서 물길과 돌담이 공통적으로 특별히 많이 언급되었다. 흥미롭게도 경관 요소와 관련된 생태계 서비스에 대한 내용도 제법 확인되었다.

▶ 돌담 관련

"담은 기본적으로 사유지와 공유지 사이의 공간을 구분하는 경계 역할을 한다. 하지만 외암마을의 돌담은 이러한 기능적 측면에서 나아가 미적으로도 매우 아름다웠다."

-이OO 답사기 중

"돌로 쌓은 담은 외암마을을 찾는 관광객들에게 좋은 포토존이 되어준다."

-윤OO 답사기 중

"[기단 굴뚝은] 해충을 막는 역할과 밥 못 짓는 사람들을 생각해서 밥 짓는 냄새가 퍼지지 않도록 하는 배려의 역할, 또는 연기가 쭉 퍼져나가서 신선놀음을 할 수 있었다고 한다."

-김OO 답사기 중

▸ 텃밭 관련

“화단뿐만 아니라 파, 상추, 들깨 등을 심은 텃밭도 마을 곳곳에서 발견할 수 있었다. 외암마을 내에서의 자급자족을 위한 역할로 주로 쓰이고 있겠지만, 이렇게 작은 규모의 마을 내에서 토지 이용이 다양하게 이루어지며 하나의 생활공간으로 돌아가고 있다는 점이 경관 요소로도 훌륭하게 작용하고 있었다.”

-김OO 답사기 중

▸ 마을숲 관련

“마을숲은 사람들과의 접촉이 상대적으로 많다. 나무가 제공하는 서비스를 이용함으로써 마을 사람들 사이의 교류가 증진된다. 마을 사람들이 그늘진 나무 아래 모여서 대화를 나누고, 아이들아 상수리나무의 가지에 매달아놓은 그네에서 놀고 있는 모습이 자주 보인다.”

“할아버지들은 그 마을숲을 밤동산이라고 불렀다 아무래도 밤이든 도토리든 어떤 열매가 많이 나오는 숲이었기 때문일 것이다. 어린 시절 할아버지들은 거기서 이웃사촌들과 땅따먹기, 소고치기, 비석치기, 진돌이 등을 하면서 놀았다고 한다. 비단 아이들의 놀이터였을 뿐만 아니라, 여기는 어른들이 하루의 고단함을 푸는 휴게소로서 역할을 하기도 했다. 보존위원회 회장 이준봉 할아버지에 의하면 마을사람들은 하루의 고된 농사일을 마치고 하천에서 몸을 씻고 마을숲에 앉아 하루를 마감하는 것이 일상이었다고 한다. 마을숲은 마을을 비보하는 역할만 한 것이 아니라 마을사람들에게 안식처이고 놀이터였다.

-조OO 답사기 중

▶ 우물과 옹달샘 관련

"단순하게 생각하기로는 근처에 바로 우물과 옹달샘이 있어서 토양의 수분 보유 능력이 향상된 것이 아닐까 한다."

-윤OO 답사기 중

분석결과를 살펴보면 현장답사를 통한 학습 과정에서 사회적 요소보다 생태적 요소를 많이 발견한 경향을 알 수 있다. 이러한 생태적 요소의 발견은 마을의 지속가능성에 대한 고민으로 연결되는 지점으로 조별보고서 작성 과정의 생각들이 많이 반영되었을 것이다.

• 변화와 교란

학생들은 외암민속마을의 교란 또는 위기 가능성을 지닌 현상 또는 사건으로 고령화와 가뭄, 화기, 새마을운동, 민속마을 지정, 현대화와 관광지화를 언급했다. 가뭄과 화기는 예로부터 내려오는 설화나 민담에 많이 포함되어 있고, 물길과 같은 경관 요소와 연결되어 외암마을의 사회-생태계는 이미 물길 등의 사용으로 경로의존성(path dependence)[3)]을 지니고 있는 것으로 보인다. 이에 반해 새마을운동과 민속마을 지정과 같은 역사적 사건은 현재 외암마을의 경관과 생활에 여전히 영향을 끼치고 있어 고령화와 관광지화가 함께 이루어지는 양상을 몇몇 학생들이 발견한 것이다.

학생들의 조별 보고서에는 마을의 지속가능성을 위한 계획과 관리에 대한 내용이 어느 정도 포함되어 있다. 학생들은 외암민속마을을 전통 경관요소와 문화 요소를 갖추고 있는 마을로서 ① 새마을운동과

---

3) 경로의존성은 2장에서 "사회생태기억"의 기능을 설명하며 언급한 바 있다. 비효율적인 결과에 상관없이 지속적으로 같은 경로를 따르는 특성을 일컫는다.

〈표 4-12〉 학생들이 서술한 외암민속마을의 변화 종류와 답사기 예시(계속)

교란요소	인터뷰 자료	재료
고령화	"몇몇 가옥들을 돌며 인터뷰를 시도했을 때 원래 마을에 살지 않았던 주민들도 만났고, 인터뷰를 하기 위해 마을 주민들을 찾아보면 나이가 드신 어르신들이 대다수였다. 이 분들이 계속 마을을 지탱할 수는 없을 것이라 세대가 바뀌었을 때 사람들은 없고 마을 모습만 남게 되지 않을까 걱정된다."	엄OO
	"지금은 어르신들이 마을을 지키고 계시지만, 10년, 20년 후에는 누가 마을을 지킬 것인가?"	조OO
가뭄(또는 홍수)	"몇 년 전부터 계속 가물어서 차츰 유량이 줄더니 올해에는 기록적인 가뭄으로 아예 강바닥을 드러내었다. 심지어 풀이 무성하여 관리 주체 여부에 대해 여쭙자 마을 사람들이 보다 못해 제초를 한 것이 이 정도라고 하셨다."	송OO
	"최근 강수량이 충청남도 지방을 중심으로 특히 부족하여 제한급수를 실시하고 있다는 뉴스를 접했는데, 외암마을도 그러한 일기의 영향을 받고 있었다. 마을 내부와 외부를 흐르는 하천에 물은 없고 수생식물들이 많았으며, 특히 설화산 가까이 만들어 놓은 저수지가 말라 마을에 수분을 공급해 주지 못하고 있었다."	엄OO
	"최근 전국적으로 가뭄이 들어서인지 마을 내 물길들이 거의 말라 있었다. 옛날 빨래터였던 곳은 거의 하수도처럼 더러워져 있었다. 외암마을에서 제일 기대하던 것이 마을 내의 물길이었는데, 그러한 모습을 보니 조금은 실망스러웠다. 물론 이것이 가뭄 탓이 크다는 것을 마을 주민 인터뷰를 통해 알게 됨으로써 실망스러웠던 기분이 조금 달래진 것을 부인하진 않겠다."	윤OO
화기 또는 수분 부족	"토양으로 풍화되지 않은 기반암이 가까이에 있다는 뜻인데, 밭 밑에 흙이 아닌 바위가 있으므로 당연히 외암마을 주변은 수분이 부족하다. … 따라서 화재가 날 경우 쉽게 큰 불로 번질 우려가 있었기 때문에 이를 방지하고 비보풍수적인 입장을 견지하여 마을에 인공수로를 내게 되었다고 한다."	송OO
새마을운동	"할아버지께서는 새마을운동을 통해 마을의 많은 부분이 바뀌었다고 한다. 우선 담의 너비를 좁히고 차 등이 다닐 수 있도록 길을 넓혔다. 그리고 초가지붕을 슬레이트로 교체하였는데 지금도 한두 집의 경우 슬레이트 지붕을 유지하고 있어 그 흔적을 살펴볼 수 있다. 새마을운동은 전국적으로 다 함께 잘살아보자는 취지에서 일어났고 하지 않을 수 없는 분위기였다고 한다. 또한 나라에서 보조금도 주고 마을이 더 깨끗하게 정비되는 기회였기 때문에 사람들이 대부분 동참해서 이뤄졌다."	강OO
	"할아버지께서는 먼저 경관의 변화에 대해 말씀해주셨다. 돌담길의 높낮이 변화, 정부 지원하의 주택보수, 마을 주민의 구성 변화 등에 관한 내용이었다. 특히 흥미로운 것은 과거 양반으로서 외암마을을 주도하던 예안 이씨의 영향력이 많이 약해졌다는 이야기와 그에 관한 마을 사람들의 생각이었다."	김OO

민속마을지정	"마을 주민들이 마을의 전통을 지키기 위해 자발적으로 노력하여 얻게 된 것이라고 예상했지만 할아버지께서 는 오히려 정부에서 주민들을 설득하여 지정하였다고 한다. 새마을운동을 통해 편리한 생활을 누리다가 예전으로 돌아가야 했기 때문에 대부분을 사람들이 반대했지만 결국에는 정부의 설득과 주민들의 이해로 인해 민속마을로 지정될 수 있었다. 그리고 지금은 주민들도 만족하고 마을의 전통을 유지하기 위해 노력하고 있었다."	강OO
	"새마을운동 이후 기본적인 전통가옥 구조를 갖추고 있던 외암마을이 민속마을로 지정되면서 다시 초가지붕으로 바꾼 것이라고 말씀해주셨다."	김OO
현대화와 관광지화에 따른 민속마을의 변화	"지금의 외암마을 경관은 전통적인 모습을 그대로 보전한 것 같지만, 그 속을 살펴보면 상당히 현대화가 진행되어 있고 주된 목적은 관광업이다."	송OO
	"요즘에 들어서도 [담]의 높이가 높아지고 있다고 한다. 이러한 돌담의 높이가 이웃 사이에 교류가 줄어들고 점점 더 삭막해지는 사회의 모습을 단편적으로 보여주는 것이 아닐까 싶다."	강OO
	"사실 외암마을에서 본 경관 중에 굉장히 부자연스러운 것도 많았다. … 이를테면 초가의 벨기에식 와플과 마을 입구에 있는 현대식 카페가 그것이다."	김OO
	"마을의 관광산업이 발전하여 관광객이 많아지면서 전통의식이 희석되고 전통 구조물이 훼손될 우려가 있다."	조OO

민속마을 지정이라는 재구조화(reorganization) 과정을 거쳐 ② 현재 전통적 자원을 관광을 위해 활용하고 있는 적응 주기의 이용(exploitation)과 보전(conservation) 단계에 머물러 있다고 보았다. 이용과 보전 단계는 회복탄력성이 상대적으로 약화되거나 감소되는 시기로서 사회-생태계의 회복탄력성을 위한 계획과 혁신이 필요하다(Krasny et al. 2010). 외암마을이 경관과 문화적 요소를 보전하는 환경계획과 혁신 방안의 필요성을 논의하는 것은 우리가 학습모형 개발을 통해 기대했던 문제해결 능력에 포함되어 있는 내용으로 학습효과의 일면으로 보인다.

4. 종합적 고찰

1) 학습모형과 에세이 쓰기를 통한 학습 효과와 생태소양의 고취

지금까지 실내수업-야외수업, 집단학습-개인학습, 역전학습 등의 방법을 통해 생태학과 전통생태지식의 특성을 고루 엮는 학습모형을 개발하고 진행한 사례 수업을 소개했다. 학습모형에 대한 효과는 학생들의 답사기와 조별 보고서를 바탕으로 검토했다. 비슷한 방법으로 발고팔과 왈라스(Balgopal and Wallace 2009)는 대학에서 생태학 강의의 효율성과 생태소양 고취를 위한 하나의 방법으로 '인지-정서-행동 쓰기로 배우기(Cognitive-Affective-Behavior Writing to Learn)'를 제안했다. 이 모형에 의하면 일정 학습 후 작성한 자기보고서에는 해당 주제 또는 개념에 대한 인지적(cognitive), 정서적(affective), 행동적(behavioral) 영역이 드러나게 된다(〈그림 4-3〉). 에세이 작성과 같은 쓰기 활동은 학습 효과를 높일 수 있고, 동시에 학습 정도와 생태소양 함양을 판단하

출처: Balgopal and Wallace 2009.

〈그림 4-3〉 인지-정서-행동 쓰기로 배우기 모형

〈표 4-13〉 에세이 내용 특성에 따른 소양 정도의 네 가지 분류

소양 정도(Literacy level)	에세이 내용의 특성
표면적(Superficial)	개인적인, 또는 인지적인 연결성에 대한 증거가 거의 없거나 전무함. 서로 연결되지 않는 생각들이 대상이나 문제에 대한 개념적인 또는 정서적인 이해를 드러내지 못함.
주관적(Subjective)	개인적인, 또는 정서적인 연결성을 보여주지만 개념에 대한 이해를 드러내지 못함.
객관적(Objective)	개념적인 이해를 보여주지만 개인적인 관련성이나 이전의 경험에 대해서 나타내지는 않음.
진정한(Authentic)	개념적인 이해와 개인적인 관련성을 통합하여 드러내고 생태적 소양을 나타내는 방식으로 행동을 보여줌.

출처: Balgopal and Wallace, 2009.

〈표 4-14〉 진정한 학습의 성취를 나타내는 답사기 내용 예시

소양 정도	답사기 내용 예시
진정	① 관리가 되지 않은 수로를 보고 "생태적으로 건전하려면 어떻게 하는 것이 옳은 것인지 좀 혼란스러웠고 후에 관련 문제를 다루게 될 때 올바른 선택을 할 수 있도록 생태를 더 많이 보고 공부해야 한다고 느꼈다."
	② 수로변의 다양한 수종을 보고 "물길을 따라 잡초나 꽃들이 많이 자라는 것을 보며 마을의 습도를 유지시켜 주고 생태계에 수분을 제공하는 역할을 한다는 생각이 들었기 때문이다. 언젠간 꼭 증명해보고 싶은 내용이다."
	③ 새로 알게 된 꽃을 보고 "위아래로 하트를 잡아 늘인 것 같은 모양의 잎을 가진 메꽃도 여기저기서 볼 수 있었다. 인터넷으로 찾아본 메꽃의 꽃은 나팔꽃 모양과 비슷한데, 색은 연한 분홍빛을 가지고 있다. 꽃은 6월에서 8월에 핀다고 하니, 곧 학교에서도 꽃을 찾아볼 수 있을 것이다."

는 근거로 활용될 수 있다. 특히 답사기와 같은 자기보고서에 이러한 세 영역이 모두 드러난다면 학습자의 이해 정도가 매우 높다는 것을 의미하고 이는 진정한(authentic) 학습의 성취로 분류될 수 있다(Balgopal and Wallace 2009). 진정한 학습자는 학습의 결과가 자신의 결정에 어떻게 영향을 줄 수 있는지 인지할 수 있다(Balgopal and Wallace 2009). 이러한 인지능력은 바로 생태소양과 직접적으로 연결

된다. 우리는 학생들의 답사기 분석 중 발고팔과 왈라스가 제안한 네 단계로 나눈 소양 정도(literacy level, 〈표 4-13〉)에서 '진정'한 학습으로 분류될 수 있는 내용을 찾을 수 있었다(〈표 4-14〉).

2) 회복탄력성과 학습, 환경교육의 연결

이 책에서 다루고 있는 주제인 회복탄력성과 학습(learning), 환경교육을 통합하는 시도는 선행 연구에서 이미 다뤄진 바 있다(Krasny et al. 2010). 저자들은 영국에서 발간되는 환경교육 학술지 Environmental Education Research의 특별판에서 세 요소의 통합을 시도하는 연구가 마주하는 도전 과제를 정리했다. 우리는 각 장에서 다루고 있는 내용, 사례 연구 이후 진행한 면담과 설문조사의 결과를 아래의 질문에 맞춰 정리했다.

첫째, 학습자의 회복탄력성 개발을 목표로 하는 환경교육과 사회-생태계의 회복탄력성 증진을 목표로 하는 환경교육을 어떻게 할 수 있을 것인가?
둘째, 자원관리 영역의 참여적 접근 방법(participatory action)과 환경교육의 참여적 접근 방법의 교차점은 무엇인가?
셋째, 전통생태지식 등과 같은 자원관리와 관련된 다양한 종류의 지식은 도시화가 만연하고 농촌·토착 사람들이 점점 감소하는 오늘날 어떻게 진화하고 있는가?
넷째, 과거의 환경관리와 관련된 기억들은 위기 혹은 갈등 후에 개인과 체계의 회복탄력성에 어떻게 기여하는가?
다섯째, 교육과 학습, 지식, 기억들은 어떻게 정보 피드백의 일부가 되어 더 나은 체계의 회복탄력성에 기여하는가?

여섯째, 사회적 학습은 개인과 그룹, 조직의 수준에서 어떻게 연결되는가?

일곱째, 환경 학습과 환경교육은 환경 거버넌스에 어떻게 연결될 수 있을 것인가?

여덟째, 학습 이론의 개념이 인간 발달과 자원관리 분야에 어떻게 전달될 수 있을까?

첫째, 학습자의 회복탄력성 개발을 목표로 하는 환경교육과 사회-생태계의 회복탄력성 증진을 목표로 하는 환경교육을 어떻게 할 수 있을 것인가?

회복탄력성 개념은 생태학과 경제학, 심리학, 교육학 등 다양한 분야에서 활용되고 있지만 거의 비슷한 맥락에서 정의된다. 주체가 개인인지 사회인지, 사회-생태계인지에 따라 구체적 정의가 조금씩 다를 뿐이다. 이를테면 심리학에서는 개인이나 사회가 트라우마 등의 (정신적) 어려움을 맞닥뜨렸을 때 이를 극복해가는 것을 회복탄력성이라고 하고, 생태학에서는 생태계가 교란(disturbance) 이후에 얼마나 빨리 이전의 기능과 정체성으로 돌아오는가(return) 혹은 회복(recover)할 수 있는가를 일컫는다(Walker and Salt 2012b). 특히 사회-생태계 개념틀에서는 학습자, 즉 개인의 회복탄력성이 사회-생태계의 내포된(nested) 여러 상위-하위 체계에서 가장 기본이 되는 단위가 될 수 있으며, 개인의 기억과 시민과학적 역할이 생태계 돌봄에 기여할 수 있다고 본다(제2장).

보다 구체적으로 살펴보면, 사회-생태계 내에서 학습자의 회복탄력성은 복합적이고 예측 불가능한 상황에 처했을 때 지혜롭게 대처하는 능력을 일컫는다. 회복탄력적인 학습자는 결과가 불확실할 경우에도 학습을 꾸준히 지속하는 경향을 보이며 혼란과 혼돈이 있더라도 학습을 쉽게 중단하지 않는다(Claxton 2002). 우리 연구에서는 세대 소통과 전통생태지식을 소재로 하여 다양한 전공의 학습자들이 개인적 영역과 집단적 영역의 학습 과정에 일어나는 여러 상황을 극복하며 학습하는 훈련을 유도했다. 비록 평가가 수반되는 교과과정이었지만 학습자들의 자발적인 참여와 창의적인 주제 선택을 격려했다. 우리는 설문조사를 통해 몇몇 학습자들이 사회-생태계의 회복탄력성과 지속가능성에 대한 탐구에 있어 개인적으로 마주한 한계와 과제가 무엇인지 발견하는 기회가 된 것을 확인했다. 특히, 학습자 입장에서 가장 어려움을 느낀 것은 전통생태지식 탐구에 있어 지식 차원이 아니라 다양한 과제를 수행해야 하는 것이나 전공이 다르거나 가치관이 다른 학생들과의 관계 맺기 등이었다.

> 전반적으로 재미있게 수강하였으나 생각보다 많은 과제에 어려움을 겪기도 했다. 개인과제를 4번 제출해야 하고 답사도 3번 갔다 온 후 답사기도 매번 제출해야 했다. 뿐만 아니라 강의 중간부터는 수업 시간에 보일 ppt 자료도 만들어 제출해야 했다. 게다가 답사도 상당히 먼 곳을 택하여 1박 2일간 다녀와야 했다. 보은 답사는 일정이 매우 빽빽했다는 느낌이고, 조별 활동과 조별 보고서도 소화해야 하는 등 다른 사람에게 이 강의를 들으라고 권하기에는 학기 중 수강하기에 너무 많은 부담을 주는 수업이었다. 그래도 많은 공부를 통하여 현장감 있게 한 학기를 보낼 수 있었다.
>
> \- 설문조사에서 박OO의 수업에 대한 의견 중

> 강의에서 요구하는 과제가 많아서 개인적으로 힘들었지만 다 하고 났을 때 내가 이해하는 생태적인 내용이 늘어나는 것을 느

겼다. 특히 조별과제를 하면서 가장 힘들었던 것은 전공이 다른 학생과 중요하다고 생각하는 가치관이 달라서 주제를 좁혀나가는 데 너무 힘들었다. 가치가 다른 경우에 문제가 일어날 수 있다는 것은 우리가 조사한 구병마을 사례에서도 발견할 수 있었다.

-수업 후 실시된 박OO와의 면담 중

우리 연구에서는 학습모형 개발을 통해 학생들이 "발견-이해-정리-발표-피드백"의 과정을 거칠 수 있도록 도왔으며 이 과정에 적용된 형식적 활동은 야외수업, 답사기와 조별 보고서이다. 학습자가 가지는 개인적인 어려움과 한계를 함께 나누고 극복할 기회를 제공하기 위해 뒷풀이 모임, 실내수업 전 후의 친교 시간, 현지 탐방 과정 중의 이동 시간, 교수자와 보조교수자와의 면담 등이 활용되었다. 형식적 활동과 비형식적 활동의 적절한 활용으로 학습자 개인의 회복탄력성과 사회-생태계 회복탄력성을 목표로 하는 다른 수준에서의 교육이 동시에 일어날 수 있음을 기대한다.

둘째, 자원관리 영역의 참여적 접근 방법과 환경교육의 참여적 접근 방법의 교차점은 무엇인가? 우리 연구는 전통생태지식을 자원관리와 환경교육 영역의 교차점이 될 수 있는 주제로 접근했다. 전통생태지식은 참여를 기반으로 하는 자원관리 방식의 대표적 지식체계로서 문화전승을 통해 전달된다. 우리는 도시화와 바뀐 생활 풍조로 문화전승이 어려워진 현실에 대한 문제의식에서 시작하여 생태교육의 소재로 전통생태지식을 선정했다.

또한 우리 연구에서는 공동체 기반의 참여 연구방법을 채택하여, 서울대학교가 있는 주변 지역과 충청북도 보은, 충청남도 아산 외암민속마을이라는 한정된 공간에서 사회-생태적 과정을 찾아보는 훈련을 했다. 이러한 연구 과정에서 우리는 공동체 기반의 참여(community-based participatory action)와 봉사 학습(service learning)이 두 영역의 더욱 구체적인 교차점이 될 수 있음을 확인했다. 이는 세대 소통을 독려하는 여건을 마련하는 것에서 비롯되었다.

> 마을 곳곳의 집을 찾아다니며 김장하시는 할머니, 혼자 사시는 할머니들의 말동무가 되며 어렸을 적 얘기를 청했다. 길게 이야기 하신 분은 세 분 계셨다. 하지만 두 분은 귀가 어둡고 말을 잘 알아듣지 못하셨다. 그중 한 분은 김장을 하고 계셨는데 동문서답을 계속하며 맛있는 김치만 계속 맛보았다. 안타까운 것은, 혼자 사시는 할머니가 김장을 모두 준비해 놓는 데도 자식들이 아무도 안 가져가려고 한다는 얘기를 들었을 때다. 할머니의 속 깊은 고독감을 느낄 수 있어서 안타까웠다. 하지만 더욱 안타까운 소식은 마지막 할머니한테서 듣게 되었다. 이 할머니의 아들은 지난 세월호 사건으로 돌아가신 故김응현 선생님이었다. 할머니에게 말씀을 청하던 우리를 보시고 바로 막내아들 불쌍한 손자 생각이 난다며 많이 슬퍼하셨다. 할머니에게는 아들이 두 명 있었는데, 생활이 어려워 아들 둘을 공부시키는 데 할머니와 아들 모두 매우 고생하셨다고 한다. 달산2리로 이사오기 전 없어졌던 달산리의 마을 숲 근처에서 어렵게 사시며 그때 캐고 살았던 더덕, 감자, 콩 등을 말씀해주셨다. 마음이 매우 힘드신 상황에서도 반갑게 맞아주시며 포도즙과 계란을 주시고 또 말씀도 많이 들을 수 있었다.
>
> -2014년 9월 학기 수강생 김OO의 답사기 중

셋째, 전통생태지식 등과 같은 자원관리와 관련된 다양한 종류의 지식은 도시화가 만연하고 농촌·토착 사람들이 점점 감소하는 오늘날

어떻게 진화하고 있는가?

우리 연구는 전통생태지식이 문화전승의 영역에서 공교육 영역의 소재로 진화하고 있는 현장을 담고 있다. 한편 우리는 전통생태지식이 여전히 농촌 공동체에서 회복탄력성의 자원으로 활용된 사례를 통해 한국 전통생태지식의 시민과학적 요소를 가늠해보았다(제2장). 그리고 발견한 요소를 학습모형에 적용하여 학생들의 생태 소양 개발을 위한 이론적 자원으로 삼았다(제4장). 그러나 전통마을숲과 같은 주요 경관 요소는 전통생태지식을 반영하는 실체로서 사회생태기억의 일부 여전히 우리 곁에 있다. 김고운(2016)이 제안한 사회생태기억의 세 요소 중 사람과 경험은 사라지더라도 장소는 존재하고 다른 형태의 지식체계에 의해 관리되고 있는 것이다.

학생들은 경관에 대한 여러 학습활동(실내수업, 야외수업, 현지조사)을 통해 우리나라의 전통생태지식이 지역사회의 개발사업에 활용되어 생태관광의 맥락에서 유지되거나, 그렇지 못한 경우 문화전승의 기회를 상실하여 그대로 소실되는 것을 확인했다. 사회생태기억의 다른 두 요소(사람과 경험)가 도시화된 지역에서 어떻게 진화되고 있는지를 고찰하기 위해서는 도시에 거주하는 어르신 세대가 그들의 기억을 어떻게 활용하고, 그에 따라 지식 체계가 어떻게 진화하고 있는지에 대한 연구가 필요할 것이다. 도시 근교에서 텃밭을 일구거나 베란다에서 텃밭 작물을 재배하는 등의 활동은 전통생태지식이 도시의 생태계에서 진화화는 단편적인 사례가 될 수 있다.

넷째, 과거의 환경관리와 관련된 기억들은 위기 혹은 갈등 후에 개인과 체계의 회복탄력성에 어떻게 기여하는가?

다섯째, 교육, 학습, 지식, 그리고 기억들은 어떻게 정보 피드백의 일부가 되어 더 나은 체계의 회복탄력성에 기여하는가?

두 질문은 사회생태기억이 회복탄력성 자원으로서 어떻게 활용될 수 있는가에 대한 것으로 해석할 수 있다. 포키 등(Forke et al. 2002)에 의하면 사회생태기억은 사회-생태계의 다양성 증진에 기여하며, 특히 기능다양성을 갖춘 사회-생태계는 위기 혹은 교란 이후의 재조직화 과정을 회복탄력적으로 적응해간다. 또한 이러한 회복 과정의 경험과 학습은 다시 사회생태기억의 일부가 되어 사회-생태계의 정보 피드백으로 기능한다. 생태계의 지속가능성을 위해서는 반응 다양성도 필수적인데, 이것은 생물종이 환경적 변화에 반응하는 다양성을 통해 생태계 기능을 유지하는 것을 의미한다(Elmqvist et al. 2003). 인간 사회의 경우 기억은 자전적 기억과 역사적 기억의 경로로 전달된다(Barthel et al. 2010). 이러한 기억이 사회적 맥락 안에서 재형성되고 유지되고 있기 때문에 다양한 구성원의 역할을 통해 사회적 요소의 다양성을 갖추는 것이 필요하다(제1장).

우리의 전통생태지식 탐구 과정을 통해 학습자들은 문화 다양성과 경관 다양성이 마을 공동체의 생태적, 사회적, 경제적 지속가능성에 필수적이라는 것을 발견했다. 문화적 다양성과 경관적 다양성을 갖춘 한국의 전통마을의 경우 마을의 안녕과 위기에 대한 주민들의 마음을 마을 제사, 정월대보름 풍습, 마을과 관련된 지명, 속신, 이야기, 마을 숲과 같은 경관 요소 등의 형식으로 유지하고 있었다. 그리고 이러한 다양성의 요소들은 마을이 생태관광지로 발돋움하는 데 기여하고 있었다. 그러나 자본주의의 영향으로 사회-생태계의 정체성에 혼돈을 주는 요소가 점차 증가함에 따라 토지소유권을 둘러싼 갈등과 박제화된 전통을 흉내내는 모습이 학생들의 전통생태탐구 과정을 통해 발견되었다. 지도자의 리더십과, 전통생태지식이 담고 있는 고유한 정신을 유지하기 위한 신념, 생태 문제의식 등이 기억의 적절한 활용을 위해 필요한 요소라 할 수 있다.

여섯째, 사회적 학습은 개인과 그룹, 조직의 수준에서 어떻게 연결되는가?

사회적 학습은 사회 행동 이론과 사회 인지 이론을 바탕으로 발전한 이론으로서 그루젝(Grusec 1992)에 따르면 다음과 같은 다섯 가지 특징을 가진다.

> 첫째, 학습은 행동뿐만 아니라 인지적 과정으로서 사회적 맥락에서 발생한다.
> 둘째, 학습은 행동을 관찰하거나 행동의 결과를 관찰함으로써 발생한다.
> 셋째, 학습은 관찰, 관찰을 바탕으로 얻은 정보, 행동 수행에 대한 의사결정을 수반한다.
> 넷째, 강화(reinforcement)는 학습에 중요한 역할을 하지만, 학습의 모든 것을 책임지지는 않는다.
> 다섯째, 학습자는 정보의 수동적인 수여자가 아니다. 인지와 환경, 행동은 서로 상호 영향을 주며 학습자를 능동적인 정보 수여자로 만든다.

이 연구에서는 전통생태지식을 학습자들이 어떻게 이해하고 관찰자가 특정한 사회-생태계의 맥락 안에서 개인적 관찰과 경험, 학습을 통해 얻은 정보를 바탕으로 개인의 생태 소양을 쌓았으며, 개별 과제 수행과 집단 토의, 피드백 과정을 통해 강화되는 과정을 거쳤다. 특히 현지조사를 수반한 야외수업은 개인과 그룹, 조직의 수준에서 고루 사회적 학습이 일어날 수 있는 기회를 제공한다. 우리 연구의 세대 소통을 통한 사회적 학습의 결과는 제5장에서 (지속가능발전 교육의 맥락에서) 더 구체적으로 논의한다.

일곱째, 환경 학습과 환경교육은 환경 거버넌스에 어떻게 연결될 수 있을 것인가?

우리는 세대 소통(세대 간 소통과 세대 내 소통)이 학습과 교육, 거버넌스의 연결에 촉매 역할을 할 것으로 기대한다. 세대 소통은 환경 학습, 환경교육, 환경 거버넌스에서 강조하는 참여와 과정 중심적 가치를 장려하는 방법이 될 수 있다. 오늘날 활발히 일어나고 있는 자원관리와 환경관리 전문가 양성을 위한 학제 간 연구는 다음과 같은 특성을 지닌 결정론적 학습 방법을 우려한다(Krasny et al. 2009).

> 첫째, 학생들의 비판적 사고와 다른 능력의 발전에 비효율적인 방법
> 둘째, 비서구적이거나 여성적인 측면 등을 고려한 다양성이 인정되지 않는 방법
> 셋째, 학생들 스스로의 목표 설정과 자기실현을 목표로 하기보다 교사의 교육적 목표를 주입하는 방법
> 넷째, 오늘날의 지배적인 권력 구조를 강화할 수 있는 여지를 제공하는 방법

우리 연구에서 다루는 전통생태지식 교육은 위의 한계를 극복할 수 있는 방법론적 대안으로서의 학습자가 주체적으로 환경 거버넌스에 대해 고민하는 기회를 제공했다. 특히 다수의 학습자들은 공동체의 지속가능성을 위해서 마을의 자치적이고 참여 기반의 의사결정과정이 필수적이라는 것을 발견했다.

> 현재 OO마을에는 공개적인 토론의 기회가 상당히 부족한 것

으로 보인다. 이로 인해 일부 주민들은 보존회의 폐쇄적인 의사결정구조에 불만을 가지고 있으며, 보존회의 결정에 대한 불신을 드러내기도 한다. 이를 보완하기 위해서는 정기적이고 공개적인 주민토론회가 개최되어야 한다. 경북 경주 양동마을의 경우, 운영위원회가 설립된 이후 정기 주민토론회를 열어 주민과 운영위원회가 소통할 수 있는 기회를 마련하고 있다. 실제로 이와 같은 공개적인 의사결정과정을 통해 다양한 안건이 처리된다. 가장 고무적인 것은 주민들이 스스로 주인의식을 가지고 토론에 참여하고 있으며, 필요할 때는 자발적으로 건설적인 의견을 제안하고 있다는 것이다.

-조별 보고서 중에서

여덟째, 학습 이론의 개념이 인간 발달과 자원관리 분야에 어떻게 전달될 수 있을까?

이번 조사를 통해서 마을에 대해서 관심이 생기기 시작했다. 마을의 문화에 대해서도 다시 생각할 수 있는 계기가 되었다. 사실 이번 조사를 통해서 문제가 해결된다기보다는 새로운 고민과 문제를 떠안게 되었다. 수업 때 교수님한테 들었던 말이 있었는데 연세가 드신 분들이 젊은 사람한테 자신의 기술을 가르쳐주지 않아서 소중한 것들이 사라진다는 것이었다. 그때는 아무 느낌이 없었는데 구병마을을 조사하고 나서 그 말이 무슨 의미인지 깨달았다. 조사를 하고 연세 드신 마을 분들과 얘기를 하면서 마을의 문화를 실감나게 느끼게 되었다. 도시와는 다른 문화였다. 하지만 개발 사업 때문에 원래 사람들의 직업이 바뀌고 외래 인구 유입으로 마을사람들이 나가고 마을의 문화가 어떤 운명에 처하게 될지 고민해봤다. 한편, 조사를 할 때 자료가 별로 없어서 불안하기도 했다.

-수업 후 제공된 팽O의 수업에 대한 의견 중

크라즈니 등(2010)에 따르면 학습은 세계를 바라보는 방식의 변화가 일어나는 '과정'이다. 회복탄력성은 이러한 과정에서 정체성을 잃지 않고 창의적으로 여러 자원을 활용하여 위기를 성장의 기회로 삼는 능력이다. 회복탄력성은 복합계의 속성이기도 하지만 학습으로 길러지는 능력이기도 하다.

이 책은 회복탄력성과 학습, 생태교육의 개념을 통합적으로 접근하여 개인 학습자가 경험적 지식체계를 비판적으로 해석하며 지속가능한 공동체적 삶에 대한 고민을 하는 과정을 담고 있다. 학습자들은 이 학습 과정에서 그동안 관심을 가지지 않았던 마을, 공동체, 전통생태지식 등에 대해 질문을 갖기 시작했다. 우리는 짧은 기간의 경험을 통해 학습자들이 질문을 갖기 시작한 것이 진정한 학습 결과라 평가한다. 이번의 경험이 개인의 소양 함양과 생태계 보살핌 활동에 작은 불씨가 되었기를 희망한다.[4)]

---

4) 이상에서 다룬 내용은 학습모형을 적용한 학습 결과에 대한 질적인 해석으로 접근 방법과 이론에 따라 다양한 해석이 있을 수 있다. 다양한 해석과 새로운 시도에 대한 가능성을 열어두고자 우리는 조별 보고서 2편과 개인 답사기 1편을 이 책의 부록에 실었다. 조별 보고서의 경우 아래 기준으로 선정하고 읽기 쉽도록 교정했다.
첫째, 생태학과 전통생태지식의 요소를 상호보완적으로 절충하여 잘 활용하고 있는가?
둘째, 연구 자료에 대한 검증 과정을 제대로 거쳤는가?
셋째, 참고 자료의 활용이 전문적으로 잘 이루어졌는가?
넷째, 실내학습과 야외학습을 통해 전달된 지식이 잘 적용되고 응용되고 있는가?
다섯째, 관련 분야 연구에 기여할 수 있는가?

제5장

전통생태지식 학습모형을 활용한 지속가능발전 교육

제5장 전통생태지식 학습모형을 활용한 지속가능발전 교육[1)]

전통생태지식 학습모형을 마련한 우리에게 새로운 질문이 생겼다. 학습모형을 정규교과과정에 적용할 때 지속가능발전에 어떻게 기여할 수 있을 것인가? 다른 학문 분야와 접목하고 해석하는 길은 뭘까? 그러던 어느 날 문화유산교육과 관련된 문화재청의 연구논문 공모 소식을 들었다. 우리는 질문에 대한 답을 찾고 동시에 전통생태지식 연구를 발전시켜 소개하는 좋은 기회가 될 것으로 짐작했다. 그리하여 중요민속자료 제236호로 지정된 외암민속마을에 대한 연구 자료를 다시 검토했다. 여기서 그 과정에 학습모형을 지속가능성과 민속문화유산교육을 위해 적용하고 재해석한 결과를 소개한다.

1. 연구의 필요성 및 목적

한국 문화유산에는 옛 사람들의 생태적 가치와 우주관이 반영되어 있는 경우가 많아 교육적 가치도 크다. 대표적인 보기가 한글이다.

1) 이 장의 내용은 2017 문화유산교육 논문공모전에 발표・수상된 바 있음.

음양오행 체계에 입각하여 각각 둥근 하늘과 평평한 땅, 선 사람을 상징하는 · ㅡ ㅣ 세 요소로 만들어진 모음 덕분에 오늘날의 천지인 자판이 발명될 수 있었다(오주석 2012). 『한국의 전통생태학』에서는 생태적 의미와 가치가 담겨있는 옛 그림과 시조, 마을 경관, 정원, 굿 등을 포함하는 민속문화를 재조명했다(이도원 2004). 특히 민속문화는 그 자체로 생태적이고 공생적이기 때문에 생태교육에 적용할 주제와 소재가 많다(편해문 2003). 그러나 문화유산의 다양한 생태적 소재와 우수성에 비해 이를 활용한 교육적 시도를 다룬 연구는 적다.

문화유산교육은 크게 "문화유산에 대한 교육"과 "문화유산을 통한 교육"으로 나뉜다.[2] 우리나라 연구 사례를 살펴보면 전자의 경우가 대부분으로 디지털이나 모바일을 활용한 교육 방향을 다룬 내용(박재영 2013; 오영찬 2017)이다. 후자를 다룬 경우 도서관과 박물관에서의 교육활동(한희정 외 2014; 지강이와 정은우 2014) 등 특정 시설이나 과목에 집중한 경향을 보인다. 그러나 문화유산의 가치-의미-원리를 통합적으로 접근하는 교육적 시도가 드물며 이에 대한 문제점은 국외에서도 제기된 바 있다(Lowenthal 2005; Olwig 2005). 생태적 가치에 대한 재해석과 자연현상에 의한 피해, 유형문화유산의 이동성이 낮은 특성에서 오는 어려움, 문화유산에 대한 지역 주민과 시민의 지속적인 관심이 요구되는 등 문화유산의 지속가능성에 대한 문제의식이 높아지고 있는 바, 이러한 현실을 반영하는 문화유산교육의 필요성이 점차 대두되고 있다(Barthel-bouchier 2016).

유네스코에서는 2010년부터 지속가능발전교육과 문화유산교육의 개념을 통합하여 문화유산교육이 지향하는 다양성과 보전의 가치를

---

2) 한국문화재재단 웹사이트 참고(https://www.chf.or.kr/c2/sub2_2.jsp?thisPage=1&searchField=&searchText=&brdType=R&bbIdx=102469).

제대로 전달하는 노력을 시작했다(UNESCO 2010: 3). 유네스코의 프로젝트는 세계문화유산과 지역의 문화유산 지속가능성을 위협하는 요소에 젊은 세대가 직간접적으로 대응할 수 있도록 학제적 방법을 개발하고 소개하는 것이 목표이다(UNESCO 2010: 3). 지속가능발전교육은 지역의 제도와 문화와 그 맥락이 연결되어야 한다(Kopnina 2012). 지속가능발전 개념이 지역 고유의 자연자원이나 문화자원을 지속가능한 방향으로 관리할 수 있는 새로운 기술과 재료, 지식, 역량을 발전시킬 수 있는 혁신과 변화를 포괄하기 때문이다(UNESCO 2010: 95). 지역의 토착문화 혹은 제도와 쉽게 융합될 수 없는 발전 방향은 지역사회 와해 등 여러 사회 문를 야기한다. 안타깝게도 세계 곳곳에서 지역 문화를 고려하지 않은 개발 행위로 자연 경관과 문화 경관이 위협받고 있다. 이와 함께 소실되고 있는 전통지식 혹은 토착지식도 소중한 문화유산으로 자원의 지속가능한 이용과 지역의 발전에 필수적인 요소이다(Costa-Neto 2000). 그러나 세계화와 도시화로 전통지식과 토착지식과 관련된 문화유산이 지역에서 더 이상 쓸모가 없어지거나 사라지고 있는 실정이다(UNESCO 2010: 95).

다양한 문화유산 중 화려하고 웅장한 유형문화유산의 지속가능성 문제는 비교적 정부와 시민의 관심을 받고 있는 반면, 민속문화는 그 지속가능성에 대해 일부 학자들도 부정적인 견해를 보인다. 왜냐하면 이미 문명화된 사회에서 민속을 만드는 주체인 민중이 지속적으로 민속문화를 만들어나갈 것이라고 기대하기 어렵기 때문이다(나경수 2004). 그러나 전통은 변하면서 변하지 않는 지속성과 변하지 않으면서 변하는 새로움이 합쳐져 만들어지는 것이기 때문에, 새로운 상황에 맞게 기능적 가치를 발휘하도록 변화될 가능성이 있다고 보는 견해도 있다(임재해 2001a). 특히 우리의 전통마을 경관과 같은 민속문화의 경우 자연친화적 세계관과 지식을 전달함으로써 자본주의의 여러 부작용을 해결하는 대안을 찾는 데 기여할 잠재력을 가지고 있다(임재해 2001b).

가령 민속문화 속 전통 요소는 생태적, 심미적, 경제적, 사회적, 영적, 그리고 과학적으로 유의미한 가치를 지니고 있으며, 이러한 가치는 옛 사람과 그들이 속해 있는 자연환경과의 관계 속 상호작용을 바탕으로 만들어졌다(UNESCO 2010: 97). 따라서 주변 자연 경관과의 조화로운 관계 속에서 만들어지고 관리되어온 민속문화는 특정 과목에서 다루고 있는 지식을 넘어서 지속가능발전 교육의 장이자 대상이 될 수 있다.

우리는 이 장의 연구에서 민속문화유산을 옛 사람이 자연경관과의 조화로운 관계 속에 만들어 낸 반영체로 보고, 문화유산교육이 지속가능발전교육과 융합될 가능성을 사례연구를 통해 밝히고자 한다. 이를 위해 문화유산에 대한 대안적 이해를 돕는 전통생태지식 이론을 정규 교육과정에 적용하여 보다 학제적인 접근 방법을 시도했다. 세부적인 연구 내용은 다음과 같다.

첫째, 기존의 생태학 이론뿐만 아니라 전통생태지식에 대한 학습을 기반으로 문화유산에 대한 새로운 학제적 해석을 시도하며, 이를 통한 학습효과를 확인한다.

둘째, 위의 내용을 바탕으로 문화유산교육과 지속가능발전 교육의 개념을 통합한 접근 방법의 의의를 찾아보고, 더불어 이 연구에서 지향하는 (문화유산교육과 지속가능발전 교육) 목표와 가치를 개인 차원과 집단 차원에서 구현하기 위한 통합적 교육 사례를 진행한다.

2. 이론적 배경

1) 지속가능발전 교육과 문화유산교육

제57차 UN총회(2002)에서 2005년부터 2014년을 유엔지속가능발전교육의 10년으로 선포했다. 이와 함께 가장 널리 활용되고 있는 지속가능발전교육의 개념은 통합적이고 변형(transformational)적인 교육으로서 ① 학습 내용, ② 교수법(pedagogy)과 학습 환경, ③ 사회적 변형, ④ 학습 효과를 포괄적으로 아우른다.[3] 이러한 통합적인 개념을 통하여 지속가능발전교육은 개인이 인간과 다른 생명체를 위한 지속가능한 미래를 만들어갈 수 있도록 도덕적 가치와 윤리적 분별력, 배움에 대한 학습, 성찰, 창의력, 시민의식, 또한 타인과 협력할 수 있는 능력과 동기를 부여하는 것을 목표로 한다(UNESCO 2010: 5). 이상의 목표를 달성하기 위해 지속가능발전교육은 의사소통, 의사결정, 문제해결, 창의력, 갈등 해결, 미래상 등을 학습과정에 수반해야 하며 이는 문화유산교육이 지향하는 바와 비슷하다고 할 수 있다(앞의 글).

UNESCO에서는 이러한 문화유산교육과 지속가능발전교육의 개념의 유사성에 주목하여 문화유산교육을 통해 학습자들이 다음과 같은 지속가능발전 학습과정을 거쳐야한다고 정리한다(앞의 글).

첫째, 학습자의 삶의 양식과 소비 양식을 바꾸고자 하는 동기 부여의 기회를 가진다(변화에 대한 동기부여).

둘째, 새로운 가능성과 대안을 창의적으로 생각해 내고자하는

---

3) UNESCO ESD공식 웹사이트 참조.
https://en.unesco.org/themes/education-sustainable-development/what-is-esd

긍정적인 마음가짐을 가질 수 있도록 격려받는다(창의적 문제해결 자세).

셋째, 문화유산에 대해 교수자에게서 전달받은 사실에만 의존하지 않고 스스로 실험적이고 탐구적 학습을 시도하며 스스로 필요한 정보와 내용을 찾고자 한다(자발적인 학습 자세).

넷째, 참여적 활동에 대한 기회를 얻는다(참여적 학습).

다섯째, 의사결정에 참여한다(의사결정).

여섯째, 대인관계에 있어 더 공평한 사회를 만들어갈 수 있는 원칙을 스스로 심어가며 적용할 수 있다(공평한 사회에 대한 원칙).

일곱째, 타인과 주변에서 일어나고 있는 일에 대해 사회적 책임감을 배우고 느낀다(사회적 책임감).

여덟째, 삶의 다양한 면모와 문화유산과 관련된 쟁점 간의 상호연결성을 이해한다(상호연결성).

요컨대 지속가능발전교육 패러다임을 적용한 문화유산교육은 단지 문화유산이 지니고 있는 과학성이나 역사적, 문화적 요소에만 집중하는 것이 아니라, 교육 활동을 통해 사회 전반에 대한 지속가능성 쟁점에 관심을 가지도록 돕는 것이다.

2) 생태학과 전통생태지식

문화유산교육과 지속가능발전 교육 모두 통합적 혹은 학제적 접근 방법을 지향하고 있지만, 이를 정규교과과정 내에서 적용하기 위해서는 특정 교과나 전공을 바탕으로 진행해야 한다. 그래서 우리는 생태학과 문화유산교육을 연결할 수 있는 학제적 분야로 전통생태지식 이론을 선택한 다음 대학교 학부 수업에서 4장에서 소개한 모형의 사례 연구를 수행했다.

전통생태지식은 캐나다 원주민의 지속가능한 자원관리체계를 연구한 버키스(Fikret Berkes)가 제안한 개념으로 토착 민족이 자신이 속한 지역의 환경 안에서 비교적 오랜 시간의 적응과정을 거쳐 발전시킨 인간과 자연과의 관계에 대한 지식, 실천양식, 신념을 총칭한다(Berkes 2008: 5-6). 지금은 다양한 학문을 초월하여 공유되고 있는 개념이지만, 인류학과 민족생태학(ethnoecology) 연구자들의 연구가 시발점이 됐다. 다시 말해서, 문화유산과 같은 지역의 토착문화로부터 대안적인 지식체계를 발견한 것이 전통생태지식 개념의 초석이 된 것이다.

전통생태지식은 19세기 유럽에서 시작된 생태학과 여러 면에서 다르다. 가령 생태학은 자연의 규칙뿐만 아니라 생태 과정과 기능을 이해하는 데 필요한 원리와 이론을 제공하지만, 토착지식의 경험적이고 통시적 자료 형성 과정에 대해서는 다루지 않는다(Kimmerer 2002). 전통생태지식에 대한 교육은 지역의 자원관리 방식에 대한 정보를 제공하는 역할뿐만 아니라 지역의 문화적 맥락과 일치하는 존경심과 호혜 정신, 책임감 등의 가치를 전달하는 역할을 한다(Pierotti and Wildcat 2000; Kimmerer 2002). 바로 이러한 점에서 전통생태지식은 생태학을 보완할 수 있는 이론적 자원이자 문화유산교육과 지속가능발전교육과 일치하는 가치 지향적 바탕을 제공한다.

이상의 내용을 바탕으로 전통생태지식을 생태학이나 생물학과 같은 자연과학 교과과목이 지니고 있는 한계를 보완하면서 학생들이 문화유산을 보다 폭넓게 이해할 수 있는 이론적 자원으로 간주하고 교육과정에 활용해보았다.

3. 연구의 내용 및 방법

1) 연구 대상

이 연구는 서울대학교 그린리더십 교과과정[4] 교과목 중 하나인 "생활 속의 생태학" 수업 수강생을 대상으로 2015년 9월부터 12월까지 1차례, 2016년 3월부터 6월까지 1차례, 총 2차례에 걸쳐 진행된 사례 연구를 바탕으로 한다. 2015년 2학기와 2016년 1학기에 각각 11명과 6명의 학생이 참여했다. 연구대상지로 우리나라의 7개 민속마을 중에서 많은 후손들이 거주하고, 다양한 무형문화유산과 유형문화유산을 함께 보전하고 있는 외암민속마을을 선정했다.

외암민속마을은 500년 이상의 전통을 자랑하며 마을 전체가 중요민속자료 제236호로 지정됐다. 우리나라 전통생태지식 중요한 부분을 차지하는 풍수사상을 바탕으로 조성된 입지적 조건과 경관 요소를 갖추고 있는 전형적인 농촌마을이었지만 최근에 생태 관광지로 각광을 받으면서 옛 모습이 빠르게 바뀌고 있는 중이다. 우리는 이러한 변화가 문화유산의 지속가능성을 살피는 데 좋은 특징이 될 것이라 기대했다.

2) 연구 절차와 방법

이 연구는 4장에서 소개된 학습모형을 활용하여 진행했다. 적용된 학습모형은 크게 4가지 학습과정으로 이루어졌다(〈그림 5-1〉). 첫째, 학생들이 일상에서 만나는 환경에 대해 교수자가 관찰한 내용을 생태

4) http://aiees.snu.ac.kr/greenleadership/website/

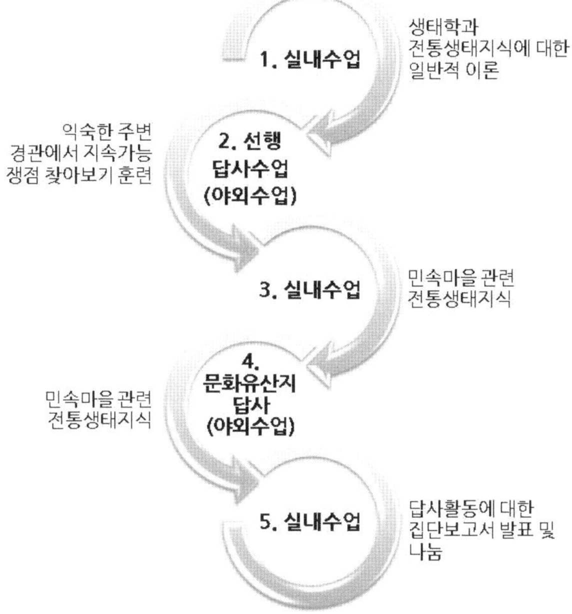

〈그림 5-1〉 연구 절차와 각 절차에 따른 주요 활동

학적으로 해석하는 학습을 진행했다. 둘째, 강의 소재가 된 숲과 도시 거리를 답사하며 야외에 대한 적응력과 관찰 능력을 키웠다. 셋째, 전통마을에서 관찰할 수 있는 전통생태지식 내용을 실내수업에서 소개했다. 넷째, 연구대상지인 외암민속마을에서 1박 2일간 활동하며 야외에서 관찰한 결과를 실내에서 토론하는 과정으로 정리했다. 모든 학습활동은 교수자 1인이 주관하고, 보조 교수자 1인이 진행을 도우면서 동시에 참여관찰을 수행했다.

이 장은 학습 과정을 통해 구현된 문화유산교육과 지속가능발전교육의 목표와 가치를 개인적 차원과 집단적 차원에서 알아보기 위해 실시한 자기보고서(답사기와 후속 질문지)와 조별과제 활동에 대한 집단 보고서(조별 보고서) 내용을 중심으로 작성했다.

(1) 자기보고서(답사기와 후속 질문지)

야외 학습은 실내 강의에서 배운 내용을 현장에서 직접 확인하고 자신의 경험과 비교하거나 새로운 의미를 찾아가는 과정이다. 답사기 작성은 현장에서 학생들의 집중력을 높여 관찰과 사유 능력을 함양하고, 스스로 형성한 개인적인 연관성을 파악할 수 있는 효과도 있다(Balgopal and Wallace 2009). 다시 말해서, 학생들에게도 답사기 작성과 같은 '성찰적 활동'은 대상으로부터 한 발 뒤로 물러서서 그들 스스로 이해한 바에 대해 더욱 통합적이고 비판적으로 바라볼 수 있도록 한다(앞의 글). 이런 성찰 활동은 이전까지 초등교육의 대표적 활동으로 인식되었지만, 이제는 고등교육의 여러 분야에서도 활용되고 있는 학습 도구이다(Dyment and O'Connell 2010). 답사기 작성과 후속 질문지의 경우, 학생들이 개인 차원에서 어떠한 학습을 하였으며 이를 통해 어떠한 의미와 가치를 발견했는지를 알아보기 위해 실시했

〈표 5-1〉 선행연구(UNESCO 2010)에 따른 자기보고서 코딩 항목

	선행연구에 따른 자기보고서 코딩 항목
1	변화에 대한 동기부여
2	창의적 문제해결 자세
3	자발적인 학습 자세
4	참여적 학습
5	의사결정
6	공평한 사회에 대한 원칙
7	사회적 책임감
8	상호연결성

다. 내용 분석 방법으로는 기존 이론이나 개념을 코딩 주제로 활용하는 통제 내용 분석 방법(directed content analysis approach)을 선택했다. 분석을 위해 활용한 코딩 항목은 앞서서 언급한 문화유산교육의 학습 목표와 효과이다(〈표 5-1〉). 분석을 위해 컴퓨터 기반의 질적 데이터 분석 프로그램인 MAXQDA 12를 활용했다.

(2) 집단보고서(조별 보고서)

학생들은 관심사에 따라 3~4명씩 조를 구성하여 답사를 가기 전에 문화유산에 대해 조사했다. 선행 조사를 바탕으로 스스로 탐구주제를 먼저 마련한 다음 진행한 1박 2일의 야외수업은 크게 4개의 활동으로 이루어졌다. 첫날에는 ① 교수자가 초청한 문화유산전문가와 현지의 문화해설사의 설명을 주로 듣는 시간과 ② 학생 스스로 현지를 관찰하는 활동, ③ 조별탐구 계획을 발표하고 논의하는 활동을 진행했다. 다음날은 ④ 조별탐구 시간을 가졌다. 준비한 집단보고서와 개별보고서 분석을 통해 대부분 학생들이 조별 활동에 대한 개인 소감과 배운 바를 기록한 것을 알 수 있었다. 집단보고서 분석은 문화유산에서 발견한 전통생태지식 요소를 알아보기 위해 후데이(Houde 2007)가 제안한 전통생태지식의 6가지 분류(〈표 5-2〉)를 바탕으로 자

〈표 5-2〉 선행연구(Houde 2007)에 따른 집단보고서 코딩 항목

	선행연구(Houde 2007)에 따른 집단보고서 코딩 항목
1	사실적 관찰
2	관리 체계
3	환경(자원)의 과거와 현재 사용
4	윤리의식과 가치
5	문화 정체성의 방향
6	세계관(우주관)

기보고서와 같은 통제 내용 분석 방법으로 수행했다.

4. 결과 및 논의

1) 개인 차원의 학습 효과

(1) 변화에 대한 동기 부여

우리는 자기보고서 분석을 통해 많은 학생들이 정규 교과과정에서 경험해보지 못했던 가치와 생태적이고 통합적인 사고의 중요성에 대해 인식하는 계기를 가진 것을 확인했다.

> 생태적으로 건전하려면 어떻게 하는 것이 옳은 것인지 좀 혼란스러웠고 후에 관련 문제를 다루게 될 때 올바른 선택을 할 수 있도록 생태를 더 많이 보고 공부해야 한다고 느꼈다.
>
> -김OO 답사기 중

> 환경에 대한 실용적이고 현실적인 접근법이 더 필요하다는 생각을 하게 됐다. 환경에 대한 도덕적, 미적 가치보다는 자원으로서의 이용 가치에 더 관심을 갖게 됐고 이러한 시각에서 환경을 바라보는 것이 문제해결을 위해 더 강력한 접근법이라는 확신을 갖게 됐다. 이후에 자원경제학 수업을 들으면서 다양한 자원을 분류하고 그에 맞는 관리법과 최적이용법을 배웠다.
>
> -김OO 후속 질문지 중

아울러 현장학습으로 학생들이 자연과 인간과의 관계에 대해 다시 고민한 사실도 알게 되었다. 이런 경험으로 학생들은 환경에 대한 관심과 개발의 모순에 대해 생각하는 시간도 가졌을 것이다.

인간은 자연의 일부라는 생각은, 생활 속의 생태학 강의에서 깨달은 교훈이며, 이는 제가 살아가는 데 항상 되새기는 첫 번째 지침이 될 것입니다.

-김OO 후속 질문지 중

환경이라 하면 열대우림이나 원시림과 같은 생태학적으로 매우 광범위하고 biodiversity hotspot이 될 수 있는 지역만을 떠올렸는데 도심의 공원이나 농촌의 변형된 환경도 인간과 밀접한 연관을 맺을 수 있다는 것을 배웠다.

-박OO 후속 질문지 중

개발의 끝이 어딘지에 대해 생각해보는 계기가 되었다.

-팽OO 후속 질문지 중

(2) 창의적 문제해결 자세

학생들은 전통마을의 정체성과 생태적 환경의 지속가능성에 위협을 가하는 문제에 대해 스스로 질문하고 답을 찾아보는 모습을 보였으며, 자기보고서에도 그런 사실을 표현했다.

전통문화 체험장에서 간식으로 벨기에식 와플이나 커피를 파는 것이 불편했다. 전통적인 주전부리를 팔았으면.

-김OO 답사기 중

'숨은 제비 찾기'라는 이름의 어플로 사람들은 제비를 발견하거나, 또는 제비가 있을 만한 처마 밑과 같은 곳에 제비가 없음을 확인하여 사진을 찍어 올리는 활동을 할 수 있다. 다양한 지역의 사람들이 올린 사진들을 모아 제비의 서식지를 파악하고 제비가 점점 사라지고 있는 현실을 경각시키는 역할을 하기를 기대한다.

-노OO 답사기 중

(3) 자발적인 학습 자세

학생들은 조별과제 수행을 위해서 혹은 개인적인 호기심 때문에 외암민속마을의 여러 문화 요소에 대해 관심을 가지고 주민에게 직접 질문을 하는 등 자발적인 학습 과정을 가졌다. 특히, 학생들은 주민과의 소통을 통해 마을의 여러 문화적 요소와 생태적 요소에 대해 스스로 알아가는 과정을 거쳤으며, 이 과정에서 지속가능성의 문제의식을 키워가는 모습도 보였다.

단순하게 생각하기로는 근처에 바로 우물과 옹달샘이 있어서 토양의 수분 보유 능력이 향상된 것이 아닐까 한다.

-윤OO 답사기 중

전통마을은 이제 지방자치단체 및 자체 구성한 전통마을보존회에 의해 관리되고 있다. 그럼에도 전통문화를 실질적으로 전수받고 이 세상에 남아있도록 노력하는 것은 사람이다. 외암마을에서는 청장년층을 찾아보기 힘들다. 지나가는 아이들에게 “너 여기 사니?”라고 물어보면 “축제 때문에 잠시 들린 거예요”라는 답변이 하나같이 돌아온다. 이를 계승할 사람이 없는 것은 자연스러운 일일 수 있지만, 심각한 일임이 분명하다.

-지OO 답사기 중

(4) 참여적 학습

학생들은 스스로 사진 찍기와 기록하기, 주민 면담하기, 조원들과 의논하기 등 다양한 참여적 활동을 통해 학습 과정을 이어갔다. 여러 학습 수단을 한 번에 하나씩 실행하거나 동시에 함께 사용하기도 하면서 상황에 적합한 활동을 실행했다.

> 답사는 크게 눈과 귀로 이루어진다. '눈'으로 보고 이해할 뿐만 아니라, 눈으로 채울 수 없는 전설과 야화, 역사들은 인터뷰를 통해서 '귀'로 들으며 보완한다.
>
> -지OO 답사기 중

> 쉬운 답사는 아니었다. 짧은 시간 내에 연구 주제로 쓸 만한 아이디어를 뽑아서 검증해 보아야 했고, 인터뷰는 누구를 대상으로 무엇을 물어봐야 할지 정하는 일도 생각보다 어려웠다.
>
> -김OO 답사기 중

> 24일 조별 과제 조사 때는 마을을 한 바퀴 돌며 주민들과 소통하는 시간을 가졌다. … (신창댁) 할아버지께서는 이 전통을 유지하는 이유에 대해 현대식으로 변해가는 태세를 안타까워하며 불편하더라도 계속 조상의 것을 이어나갈 것이라고 말씀하셨다.
>
> -김OO 답사기 중

(5) 의사결정

학생들은 민속문화로서 외암민속마을의 지속가능성에 대한 주제를 스스로 고민하며 다른 학생과 함께 탐구 주제를 결정하는 과정을 가졌다.

내가 본 외암마을은 그 규모에 비해 인문학적으로도 생태학적으로도 훨씬 큰 가치를 갖고 있었는데 세계문화유산으로 등재되기 위해서는 더 많은 조건들을 충족시켜야 한다는 것을 알게 되었다. 우리는 어떻게 하면 외암마을이 세계문화유산으로서의 경쟁력을 갖출 수 있을지에 대한 논의를 진행했다.

-김OO 답사기 중

(6) 공평한 사회에 대한 원칙

지역사회를 고려한 공평한 의사결정구조와 사람 중심의 가치가 중요한 것을 깨닫고 이에 대한 내용을 언급하는 경우가 많았다. 이러한 내용은 답사기보다 후속 질문지에 흔히 반영되었다.

각 지역은 고유의 역사와 가치를 지니고 있으며, (자연적인 가치: 생태환경, 지형, 자원 등과 인문학적 가치: 무형문화, 유물, 건축 등) 이에 맞는 선택적인 환경접근이 필요합니다. 또한 이를 위해서는 중앙정부에서의 탑다운 방식이 아닌, 지역의 유무형 가치를 어렸을 적부터 잘 알고 있는 지역 주민들을 직접 참여시키는 집단형 가버넌스 형태를 가져야 할 것입니다. 따라서 그 관리대상 또한 지정된 것이 아니라, 마을의 유형, 상황에 따라 제각기 달리 선정되어야 할 것입니다.

-김OO 후속 질문지 중

'민속마을'로 지정되어 관리되고 있다 하더라도, 다른 여느 시골마을처럼 인구고령화가 심하고 이에 따라 마을은 활력을 잃어버리고 있다. 어느 날 외암마을을 찾았을 때, 마을의 전설과 과거, 역사에 대해서 물어볼 사람이 사라지는 것을 말한다. '전통마을의 지속가능성'은 마을의 외형을 보존하는 것도 있지만 문화를 보존하는 것 역시 중요하고 문화는 인간들이 살아가는 자체이기 때문에, 인간은 그 마을의 지속가능성에 있어서 매우 중요하다.

-지OO 후속 질문지 중

(7) 사회적 책임감

대부분의 학생들은 전통마을의 지속가능성에 대해 농촌사회의 고령화 등 오늘날 사회적 구조 등에서 오는 문제점을 공감하고 이에 대한 책임감을 보였다. 또한, 마을이 생태관광화되면서 오는 부작용에 대한 우려를 나타낸 학생도 있었다. 이러한 내용은 자기보고서에 감정 표현과 함께 묘사되는 경향을 보인다.

지금은 어르신들이 마을을 지키고 계시지만, 10년, 20년 후에는 누가 마을을 지킬 것인가? 마을의 관광산업이 발전하여 관광객이 많아지면서 전통의식이 희석되고 전통 구조물이 훼손될 우려가 있다.

-조OO 답사기 중

제비가 너무 보기 어려워진 요즘이기 때문에 그 소중함을 아는 것일 수도 있다. 평소에 우리 주변에 소중한 것은 무엇인지 둘러보고 그것이 떠나가고 사라지기 전에 보살필 필요가 있다.

-지OO 답사기 중

외암마을을 나서는 발걸음은 그렇게 가볍지 않았다. 벌써 정들어버린 마을을 떠나는 것이 아쉽기도 했고, 다시 현실로 돌아와야 하는 부담감도 있었고, 외암마을의 미래를 어떻게 그려보아야 할까 고민이 많이 되었기 때문이다.

-김OO 답사기 중

(8) 상호연결성

학생들은 전통마을 답사를 통해 발견한 지속가능성 쟁점과 오늘날 사회의 현상을 연결지어 고민했다. 몇몇 학생은 자신이 속한 지역에도 답사 중 발견한 원리를 적용해 새로운 이해관계를 형성하는 모습을 보였다.

> 도시 지역에 사는 사람들에게 제비를 마지막으로 봤던 것이 언제냐고 물어본다면 근래에 제비를 봤다는 사람은 매우 드물 것이다. 우리에게 친숙한 제비가 점점 우리나라를 찾지 않는 현상을 단순히 '우리나라가 좋은 방향으로 발전하는 중 어쩔 수 없는 현상' 정도로 치부할 수 있을까.
>
> -고OO 답사기 중

> 서울시 은평구에서도 우물의 흔적을 찾아보았다. 은평뉴타운은 예전 마을의 특징과 유래를 살려 마을 이름을 지은 이유로 '~골' 로 끝나는 이름들이 많다. 이 이름들이 아파트 단지에도 그대로 사용되고 있는데, '우물골'이라는 이름의 아파트 단지가 있었던 기억이 떠올랐다. 인터넷 자료의 우물의 흔적이 남아있는 지번 주소를 검색해보니, 현재 우물골 아파트 단지의 위치와 매우 근접한 것으로 보아 우물이 있던 지역이 우물골이라는 확신을 갖게 되었다.
>
> -윤OO 답사기 중

이와 같이 우리는 지속가능발전교육의 이념을 접목한 문화유산교육으로 학생들이 개인적 차원에서 다양한 학습 과정과 역량 개발의 기회를 가지는 효과를 확인했다.

2) 집단적 차원에서의 학습 효과

지금까지 소개한 2차례 활동을 마치고 수강생들로부터 5개의 집단 보고서를 받았다. 집단 보고서에서 먼저 "사실적 관찰" 차원에서 문화유산인 여러 전통 지식과 생태 지식을 고민한 학생들이 발견된다. "관리 체계"와 "현재와 과거의 사용", "윤리 의식과 가치", "문화 정체성의 방향"의 차원에서 다룬 탐구에서는 오늘날의 사회적 제도와 문화가 문화유산, 특히 민속문화의 지속가능성에 끼치는 영향의 정도를 살폈다. 전통생태지식의 6가지 요소가 보고서에 비교적 고루 분포하지만, 특히 "사실적 관찰"과 "관리 체계", "현재와 과거의 이용"을 기술한 내용이 두드러진다(〈표 5-3〉).

(1) 사실적 관찰을 바탕으로 발견한 문화유산의 전통생태지식

문화유산에 대한 사실적 관찰로 작성된 보고서는 민속마을의 문화경관 요소(마을숲, 인공수로, 굴뚝 등)에 대한 관찰을 바탕으로 작성된 경

〈표 5-3〉 조별 보고서의 5가지 주제와 전통생태지식 6가지 분류에 따른 내용 분포

전통생태지식의 6가지 분류	집단보고서 주제				
	물길의 모습과 회복탄력성	밤동산 (마을숲)의 지속가능성	외암민속 마을의 지속가능성	외암민속 마을의 건축과 공동체 의식의 변화	굴뚝과 계층의 분포
1. 사실적 관찰	✓	✓	✓	✓	✓
2. 관리 체계	✓	✓	✓	✓	✓
3. 환경(자원)의 과거와 현재 사용	✓	✓	✓	✓	✓
4. 윤리의식과 가치		✓	✓	✓	
5. 문화 정체성의 방향		✓	✓	✓	✓
6. 세계관		✓			

우가 많다. 실내수업에서 제공했던 생태학적 이론이 학생들의 소재 선택에 영향을 주었다는 것을 확인할 수 있었다.

> 외암마을이 다른 민속마을에 비해 갖는 뚜렷한 특징 중 하나는 마을 곳곳에 조성된 인공수로이다. 풍수지리설에 따르면 외암마을을 지켜주는 주산인 설화산은 풍수상 화기를 머금은 산인데, 그래서 과거 조상들은 화재를 막기 위해 집집마다 물길을 끌어들여 연결한 것으로 알려져 있다. 이 물길은 마을 상부에 인위적으로 물길을 터서 마을 안을 통과하도록 만들어졌다. 이 물줄기는 마을 내 여러 집들을 통과하면서 생활용수로 쓰이며, 마당을 지나며 연못을 만들어 아름다운 정원을 꾸며 준다.
>
> -조별 보고서 『물길의 모습과 회복탄력성』 중

> 마을 초입에 개울물이 흐르는 곳에 설치된 다리를 건너면 물레방앗간과 마을 장승이 서 있다. 장승 뒤쪽에 작은 가산으로 소나무들이 심겨 있다. 마을을 조성하면서 소나무들을 심어서 작은 산처럼 만들어 놓은 곳이 밤동산이다. 밤동산은 마을을 구성하는 한옥과 초가집, 허리 높이의 돌담과 어우러져 있으며, 남서향으로 설화산의 맞은편에 위치한 묘적산을 향하고 있다.
>
> -조별 보고서 『밤동산(마을숲)의 지속가능성』 중

> 총 35개 가옥 중 흙과 돌을 주재료로 하는 굴뚝은 총 21개로 전체의 60%에 해당했다. 이 중 6개는 주재료가 흙이고 나머지 15개는 주재료가 돌로, 돌을 주재료로 하는 굴뚝이 우세함을 알 수 있었다. 전체 35개 중 기와(벽돌 포함) 굴뚝은 14개로, 외암마을 전반에 고르게 분포하고 있었다.
>
> -조별 보고서 『굴뚝과 계층의 분포』 중

(2) 문화유산의 관리체계

정부 정책과 지원에 따른 관리 체계의 변화에 대한 내용이 주를 이룬다. 대부분의 경우 생활자원을 자급자족하는 방식으로 살았던 과거 공동체 생활에서는 마을에 자치관리 조직이 있었다는 것을 발견했다. 아울러 오늘날 문화재 또는 관광지로서 정체성이 바뀌며 여러 외부 관리에 의존하게 된 변화에 주목하고, 과거 씨족 중심 사회의 모습에 대한 내용도 소개했다.

> 과거 사회에는 여느 집성촌과 마찬가지로 자급자족의 경제구조에 맞춰 마을 관리체계가 형성되어 있었다. 그러나 일제시대와 한국전쟁을 겪으며 20세기 초중반 마을 주민들의 경제적 사정이 나빠졌으며, 이에 대한 대안으로 여러 정부의 제도적 지원을 기반으로 마을의 관리 체계 구조가 바뀌기 시작했다. 외암마을은 1977년 도지정 민속마을, 1988년 국가지정 전통건조물 보존지구, 즉 전통민속마을로 지정됐으며, 2001년에는 국가지정 중요민속자료로 지정됐다.
>
> -조별 보고서『외암민속 마을의 지속가능성』중

> 당시 마을에는 동회, 청년회와 부녀회라는 다양한 자치조직이 존재했다. 동회는 마을의 전반적인 운영을 담당하는 마을 주민 전체의 조직이다. 주된 업무로는 농업과 관련된 제반사항 처리, 상하수도관리, 마을의 공동시설 및 물자의 관리 등이 있었다. 외암마을에서는 마을에서 3년 이상 거주할 경우 주민 자격을 부여했다고 한다. 청년회의 경우 새마을운동이 진행되면서 마을 곳곳에 일손이 필요하자 마을 발전을 위한 봉사 조직으로 만들어졌다. 주요 활동은 회원 간의 친목과 마을 장례에서의 상부상조이다. 마을

행사에서 발생하는 각종 소일을 거들기도 한다. 마지막으로, 부녀회는 1976년 결성된 조직으로 마을 총회와 동회 등 마을 행사가 열릴 때 이를 보조하는 역할을 하고, 주민의 경조사 시 손님맞이를 담당하고 있다.

그러나 외암마을이 민속마을로 지정되면서 마을 내의 기존 경관, 특히 건축물을 관리화고 보전하는 데는 많은 지원을 받을 수 있게 되었지만 새로운 건물을 짓거나 기존의 주택을 개조하는 등 주민들의 일상생활과 밀접하게 관련된 부분에 있어서도 규제를 받게 되었다.

-조별 보고서『외암민속 마을의 건축과 공동체 의식의 변화』중

(3) 문화유산의 과거와 현재 사용

많은 수강생이 전통문화와 생활양식과 관련된 경관 요소(이를테면 마을숲과 인공수로)가 주민들의 달라진 삶의 양식에 따라 지금은 다르게 활용되거나 방치된 현실을 지적했다. 이는 과거의 자원관리방식에 대한 지혜를 배우는 한편, 오늘날 바뀌어가는 생활양식에 따라 이들의 지속가능성이 위협을 받고 있다는 것을 잘 드러내는 내용이다.

예전부터 마을 사람들의 일상 공간으로 활용된 밤동산은 주민들이 교류하는 공간이자 휴식처였다. 밤동산을 '놀이터'로 생각하는 마을 주민들에게 밤동산은 어릴 적부터 뛰놀고, 전통놀이를 즐기던 곳이다. 과거 외암마을 주민들은 밤동산에서 다마치기, 비석치기, 진돌이, 땅따먹기, 소고치기 등의 전통놀이를 즐겼다. 또한 도토리를 채집하기도 하고, 농사일을 한 뒤 하천에서 목욕을 하고 쉬기도 하는 등 마을숲에서 다양한 활동들이 행해졌다.

그러나 현재는 밤동산에서 전통놀이는 물론 거의 아무런 활동

도 이루어지지 않고 있다. 축제 기간에 외부 관광객들이 그네를 타거나 휴식을 취하는 것이 밤동산에서 이루어지는 활동의 거의 전부이다. 이는 외암마을 주민들 중 전통놀이를 즐길 어린이의 수가 줄고, 과거의 역사·문화적 가치를 보존하려는 노력이 없기 때문인 것으로 보인다.

-조별 보고서 『밤동산(마을숲)의 지속가능성』 중

외암마을 인공 물길은 조성된 이후 오랜 시간동안 주민들의 빨래 및 설거지 등 허드렛물로 활용되었다. 40년 동안 마을에 사신 할머니를 인터뷰한 결과, 불과 몇십 년 전만 해도 물길과 인간과의 상호작용이 활발했다고 한다. 그러나 시대가 급격하게 변하고 외암마을에도 상·하수도 체계가 설치되면서 주민들은 더 이상 인공 물길에서 흘러오는 물을 쓸 필요가 없게 되었다. 현대 외암마을에서 인공 물길은 과거보다 주민들의 관심에서 많이 밀려나 있고, 지방자치단체만이 관광 유산 중 하나로 가끔씩 언급하고 학자들만이 집중할 뿐 대부분에게 외면당한 상태이다.

-조별 보고서 『물길의 모습과 회복탄력성』 중

(4) 문화유산과 관련된 윤리의식과 가치

이 주제와 관련해서는 경제적 가치에 밀려 공동체 가치가 점차 상실되는 모습에 대한 기술이 주목된다.

외암마을은 자발적으로 조직된 계를 바탕으로 상부상조하는 전통을 가지고 있었다. 자발적 계의 종류로는 쌀계, 반지계, 부모상을 당했을 때 서로 돕는 위친계와 상포계 등이 있다.

-조별 보고서 『외암민속 마을의 지속가능성』 중

자치 조직의 와해도 큰 문제지만, 가장 핵심적인 문제는 주민들의 공동체의식이 약화되어가고 있다는 것이다. 전통건조물보존지구 지정 이전에는 마을의 발전을 위한 공동노동에 마을 주민들이 별다른 보수 없이도 적극적으로 참여하였다. 하지만 정부의 예산이 투입되어 경제적 보상이 주어지면서, 이제 경제적 보상 없이는 주민들을 동원하는 것이 어려워졌다.

-조별 보고서『외암민속 마을의 건축과 공동체 의식의 변화』중

(5) 전통마을의 문화 정체성 방향

학생들이 지속가능성 쟁점과 관련해서 "현재와 과거의 사용" 항목을 제외하고 가장 많이 고민을 한 흔적이 드러나는 주제이다. 과거에는 전통적인 농촌의 취락구조로서 지속가능성을 확보했지만, 오늘날 문화재 혹은 관광지로서의 정체성을 어떻게 받아들이고 지속가능성을 유지하는지 학생들이 스스로 질문을 가진 것을 알 수 있다.

외암마을은 본질적으로 농촌이며, 농촌의 모습뿐 아니라 생활양식과 생태계도 보전할 가치가 있다고 여겨졌기 때문에 중요 민속자료로 지정된 것이다. 그러나 이 마을이 생태관광지화되면서 주민들은 농업과 주변 생태계에 대한 관심이 줄어들었다.

-조별 보고서『외암민속 마을의 지속가능성』중

그러나 민속마을로서의 정체성을 유지하고자 하는 정부와 생활의 불편함을 덜고 싶은 주민 간의 갈등이 이어지고 있으며, 마을 전체가 관광지화되면서 보안과 방범의 문제에 의한 갈등 또한 심화되고 있다. 전통적인 건축물과 경관에 어떠한 외형 변화도 허용하지 않으려는 행정 당국의 시각과 마을 주민들의 생존권을 위해

감시카메라를 설치해 달라는 주민들 간의 시각 차이는 현재도 여전하다.

-조별 탐구보고서『외암민속 마을의 건축과 공동체 의식의 변화』중

다시 말해서 제대로 관리되지 않고 있는 인공 물길은 전통마을의 정체성 아래 관광지로 나아가고 있는 외암마을에는 그 자체가 위협이다.

-조별 보고서『물길의 모습과 회복탄력성』중

(6) 문화유산과 관련된 세계관

마을숲과 같은 전통경관 요소가 과거에 어떠한 세계관을 바탕으로 형성되었고, 이러한 경관을 활용하여 마을에서 어떻게 삶-죽음의 고리를 이어갔는지 살폈다. 옛 사람들의 세계관과 밀접한 관계가 있는 마을숲과 같은 문화유산은 그것들의 지속가능성도 사람들의 세계관에 좌우된다고 추측할 수 있다.

밤동산과 삼상당은 공통적으로 마을 중요 인물의 묘를 감싸기 위해 조성되었다. 밤동산은 이참판의 큰 아들 이용구의 묘소 주변을 감싸고 있으며, 외암 이간의 묘소는 외암마을 북서쪽에 위치한 삼상당에 서향으로 자리잡고 있다. 밤동산과 삼상당은 본래 같은 목적으로 조성되었지만, 두 숲에 관한 주민의 인식과 문화적 기능은 다르다.

마을숲은 전통농촌경관에서 흔히 발견되던 독특한 생태문화경관으로 풍수지리와 깊은 연관성이 있다. 이 연관성에 의해, 마을숲은 마을 앞쪽에 시냇물이 흘러나가는 터진 곳을 뜻하는 '수구'를 막는 '수구막이'의 기능을 한다고 전해지며, 비슷한 의미로서

> 자연산림 구성을 구조적으로 보완해주는 비보 숲으로서 인식된다.
>
> 마을숲은 또한 마을과 뗄 수 없는 관계를 지니며, 마을의 역사, 종교, 문화적 의미를 가진다. 특히 마을의 당산제(當山祭)가 이루어지는 '당산숲'은 농촌마을 주민들이 수백 년간 대를 이어 보호, 관리해 온 숲으로 당산제를 통해 실생활에 살아 있는 문화유산으로서의 가치를 부여받는다.
>
> -조별 보고서『밤동산 (마을숲)의 지속가능성』 중

이상의 내용과 같이 집단 차원의 교육 효과를 확인하기 위해 코딩 항목으로 전통생태지식의 6가지 분류를 선택했다. 이 항목들은 학생들이 발견한 문화유산의 역사적, 문화적, 사회적 요소를 분별하는 데 용이할 뿐만 아니라 문화유산과 우리 사회의 지속가능성 쟁점에 대한 학생들의 학습 효과를 발견하는 데도 효과적이었다.

5. 문화유산교육과 지속가능발전교육의 통합적 접근 방안의 교육적 의의와 종합적 고찰

이 연구는 두 가지 목표로 시작되었다(〈그림 5-3〉). 첫째, 정규교과과정 내의 학문적 한계를 대안적 이론(전통생태지식)으로 보완하여 학생들이 민속문화유산으로서의 전통마을경관에 대해 보다 통합적인 시각을 가질 수 있도록 이끈다. 둘째, 학습 활동을 통해 지속가능발전교육과 문화유산교육이 지향하는 가치와 학습 효과를 얻는다. 이 연구를 통해 발견한 사실을 정리하면 다음과 같다.

첫째, 보다 통합적이고 지속가능한 문화유산교육을 위해서는 문화유산에 대한 해석을 돕는 이론적 자원(전통생태지식)과 교육을 통해 시민성과 역량을 발전시킬 가치 기반의 이념적 자원(지속가능발전 교육)이

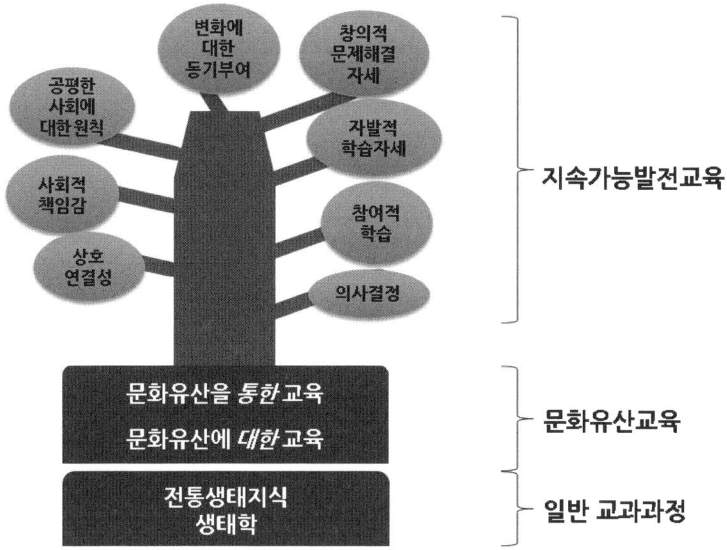

출처: UNESCO 2010: 59를 참고하여 저자 직접 그림.

〈그림 5-2〉 지속가능발전교육 패러다임을 적용한 민속문화유산교육 개념도

필요하다.

둘째, 문화유산은 인간이 자신이 속한 환경에서 오랜 시간에 걸친 경험과 지혜를 담아낸 자연-인간 상호작용의 산물이다. 따라서 문화유산교육은 특정 과목이 제공할 수 있는 지식에 국한되지 않고 사회의 지속가능성을 위한 대안적 지혜뿐만 아니라, 오늘날의 문제점을 스스로 들여다볼 수 있는 기회를 제공한다.

셋째, 이를 위해 교사는 실내수업과 야외수업의 이점을 고루 활용하고, 개인 차원과 집단 차원의 학습 과정을 보다 더 내면화할 수 있는 활동을 제공하는 것이 바람직하다.

요컨대 이 연구에서 제안하는 교육 방법은 콘텐츠 중심이면서 하

향식(top-down) 방식의 결정론적인 교육에서 벗어나고, 지속가능발전교육이 지향하는 사회적 학습의 기회를 제공하는 것이다. 앞장(제4장)에서 언급한 바와 같이 결정론적인 교육 방법은 다양성을 인정하지 않고, 학생들의 비판적 사고를 발전시키는 데 비효율적이며, 자기실현보다 교사의 교육적 목표를 주입할 가능성이 크다(Krasny et al. 2009). 나아가 결정론적 교육 방법은 오늘날의 지배적인 권력 구조를 강화할 여지를 키운다(앞의 글). 이에 반해 사회적 학습은 사회적 맥락에서 발생하고, 관찰을 바탕으로 얻은 정보를 통한 학습과 행동 수행에 대한 의사 결정을 수반한다고 알려져 있다(Grusec 1992). 전통마을과 같은 민속문화유산은 사회적 학습에서 학습자들에게 지역의 지속가능성 쟁점을 관찰하고 발견할 수 있는 맥락과 기회를 제공한다.

더불어 이 연구는 실내수업-야외수업, 개인 활동-집단 활동의 영역을 자연스럽게 연결하는 학습모형을 개발하여 적용한 사례를 포함한다. 지속가능발전교육은 교육부가 발표한 『2015개정 교육과정 총론』에도 포함되어 초·중·고등학교 과정에서도 중요성이 강조되었다(강현선과 손연아 2016). 이 연구에서 제안하는 통합적인 학습 방법과 모형이 대학교를 포함하는 고등교육환경 외에 다양한 교육 환경에서도 충분히 적용될 수 있을 것으로 기대한다. 무엇보다 중요한 것은 민속문화유산의 지속가능성에 대해 더욱 많은 학생들이 고민할 수 있는 기회를 현장에서 자발적으로 가짐으로, 미래의 전문가이자 의사결정자인 학생들이 통합적인 시각과 사회적 책임감을 지닌 시민으로 거듭나는 것이다. 이를 위해 이제 다방면의 교육·문화유산 전문가가 공동의 노력을 기울여야 하겠다.

6. 결론 및 제언

이 장에서 우리는 전통생태지식과 같은 대안적이고 이론적 자원을 바탕으로 전통마을의 의미와 가치를 발견하고, 민속문화유산과 관련된 지속가능성의 문제를 학생들이 스스로 찾아가는 학습 과정을 찾아보았다. 학생들은 학습 과정을 통해 민속문화가 지닌 고유의 역사적·생태적 요소를 발견할 뿐만 아니라, 이러한 요소의 지속가능성이 보장받기 위해서 새로운 시도가 필요한 시대를 살아가고 있음을 깨닫는 기회를 가졌다. 우리의 새로운 교육적 시도가 앞으로 전통마을경관을 포함한 민속문화유산에 내재되어 있는 지속가능성의 요소를 성찰하고 배우는 기회를 마련하는 데 참고가 되길 기대한다. 아울러 전통생태지식 학습모형이 문화유산을 비롯한 다양한 사회-생태적 소재에 활용되길 바란다.

제 6 장

나가며

제6장 나가며

우리는 이미 관련된 모든 사실과 해결책을 가지고 있습니다. 해야 할 것은 정신차리고 변화하는 것뿐입니다. 어째서 제가 곧 있으면 사라질 미래를 위해 공부해야 하나요? 아무도 미래를 구하기 위해 무엇 하나도 하지 않는걸요? 그리고 학교 시스템에서 배운 것의 핵심은 마찬가지의 학교 시스템 안에서 배운 첨단 과학이 밝힌 여러 중요한 사실들이 우리 사회와 정치인에게 명백히 아무것도 아니란 사실이었어요. 몇몇은 스웨덴은 작은 나라여서 우리의 삶을 바꾸지 못한다고 말합니다. 하지만 아이들 몇 명이 단지 학교를 몇 주 안 나오는 것으로 뉴스 헤드라인을 차지할 수 있다면 우리가 다 같이 참여한다면 무엇을 할 수 있을지 상상해 보세요. 이제 제 얘기의 끝이 거의 다 와 갑니다. 대개 사람들은 이즈음에서 희망에 관해 얘길 꺼냅니다. 태양 전지판, 풍력, 순환 경제, 기타 등등. 하지만 전 이런 얘기를 하지 않으려 합니다. 우리는 지금껏 격려하는 말과 긍정적인 말만 계속했습니다. 유감이지만, 소용없습니다. 만약 효과가 있더라면, 탄소 배출이 지금쯤 줄었어야 해요. 그러지 않았습니다. 물론 우리에겐 희망이 필요해요. 당연하죠. 하지만 희망보다 필요한 건 행동입니다. 일단 행동하기 시작하면, 희망은 어디에나 있습니다. 그러니 희망을 찾아

> 나서기보다 행동을 모색하세요. 그제야, 오로지 그때서야 희망이 올 겁니다. 오늘날 우리는 석유 1조 6천억 리터를 하루 만에 다 사용합니다. 어떤 정치체도도 이를 바꾸려하지 않아요. 석유를 지하에 묶어두려는 법규는 없어요. 그러니 법을 따라서 세상을 구할 수는 없습니다. 왜냐면 법이 바뀌어야 하기 때문입니다. 모든 것이 바뀌어야 합니다. 그리고 오늘 시작해야 합니다. 감사합니다.
>
> -그레타 툰베리의 테드 연설 중[1)]

"기후를 위한 등교 거부 운동"으로 잘 알려진 그레타 툰베리의 테드(TED) 연설 중 일부이다. 왜 16살 소녀가 등교도 거부한 채 세계 곳곳을 다니며 연설을 해야만 할까? 지구 생태계가 처한 위기 상황이 심각한 수준에 이르렀기 때문이다. 더욱 걱정인 것은 지구 생태계 위기는 개인과 지역, 민족의 단위를 뛰어넘는 전 지구적 문제임에도 불구하고 국제사회가 그 심각성을 놓치고 있다는 것이다. 가장 큰 예로 2017년 도널드 트럼프 미국 대통령이 기후변화협정에서 미국이 탈퇴한다고 선언한 이후, 기후변화는 국제사회의 외면을 받기 시작했다. 설상가상으로 2019년 여름에는 지구의 허파로 불리는 브라질 아마존 열대우림에 대형 산불이 나서 8월에만 축구 경기장 420만 개에 달하는 숲이 탔다고 한다. 사회-생태계의 되먹임 구조를 이해하고 있는 사람들에게는 아주 걱정스러운 일인데, 안타깝게도 우리나라에서조차 그 심각성을 놓치고 있는 듯하다. 기후변화나 아마존 산불 등 인류의 생존과 맞닿아 있는 키워드가 실시간 검색어에 뜨고 있지 않으니 말이다. 사회-생태계의 되먹임 구조 안에서 지구 생태계의 질서가 더

1) https://www.ted.com/talks/greta_thunberg_the_disarming_case_to_act_right_now_on_climate/transcript?language=ko

이상 무너지지 않고 회복탄력적인 체계로 진화해나가기 위해서는 우리 모두의 참여가 필요하다. 전 세계적인 무관심에 16살 소녀가 발벗고 나설 수밖에 없었던 것이다.

툰베리 연설처럼, 우리는 이미 해결책을 가지고 있다. 왜 지구 생태계 질서가 무너지고 있는지도 과학적으로 증명하고 있으며, 어떤 삶의 방식이 지속가능한지도 알고 있다. 특히 한국에는 수천 수백 년 동안 금수강산을 지켜오며 지속가능한 삶을 이어온 선조의 지혜가 여러 형태의 사회생태기억으로 남아 있다. 그중에서 우리는 마을의 전통생태지식과, 그에 대한 관심이 가져올 수 있는 가치와 의미를 되짚어봤다. 1장에서는 사회-생태계 개념틀과 전통생태지식에 대한 이론적 배경을, 2장에서는 우리나라 전통생태지식의 특성과 의의를 시민과학 개념과 연결지어 논의했다. 3장에서는 전통생태지식의 교육적 접근을 위한 현장조사를 통해 현실 교육제도의 한계와 전통생태지식의 교육적 효과를 확인하는 기회를 가졌다. 4장에서는 여러 문제의식을 바탕으로 고안한 학습모형을 제안하고, 이를 적용한 사례 결과를 정리했다. 그리고 마지막 5장에서는 우리의 시도가 지속가능발전교육 담론에 어떻게 기여할 수 있을지 4장의 사례를 새롭게 해석했다.

사소한 움직임 하나가 예측 불가능한 커다란 효과를 가져올 수 있다는 나비 효과는 사회-생태계의 역동적 움직임 안에서도 유효하다. 우리는 여러 사례 연구를 통해 개인의 성장과 전통생태지식 탐구가 맞닿아있는 것을 확인했다. 여러 세대와 소통하며 주변 생태계를 돌보는 삶은 개인의 회복탄력성뿐만 아니라 내가 속한 공동체와 사회-생태계의 회복탄력성에 기여할 수 있다. 나의 지금 행동이 사회-생태계에 어떠한 속도와 파장을 가져올까? 나는 어떤 사람이 되고 싶으며, 미래세대에 어떻게 기억되고 싶은가? 지금 바로 답을 찾을 수 없다면 내가 속한 자리에서 돌봄의 문화를 새롭게 창조해가며 입시 위주의 교육제도와 경제 성장 위주의 정치제도로부터 오는 피로감과 상처를 먼저 치유하면 어떨까. 우리 연구가 새로운 질문과 창조적인 시도로 이어지는 나비 효과를 기대해본다.

강현선 & 손연아. (2016). 사회문제해결형 지속가능발전교육 수업모델의 수업 적용 및 효과분석: 그룹탐구모형과 배려모형 적용 수업모델을 중심으로. 환경교육, 29(1), 79-95.

김고운, 남보은 & 전영준. (2016). 컴플렉시티 (Complexity) 개념에 대한 고찰-생태학 분야 문헌검토를 바탕으로. 환경철학, 21, 5-34.

김고운. (2016). Social-ecological Memory in Korea's Traditional Village Landscapes: Ethnographic and Spatial Approaches (Doctoral dissertation, 서울대학교 환경대학원).

나경수. (2004). 21세기 민속문화와 정책 방향. 한국민속학, 40, 5-34.

노재철 & 고준기. (2013). 노인보건의료의 현황과 법 제도적 개선방안. 한국콘텐츠학회논문지, 13(4), 170-186.

박재영. (2013). 통일을 대비한 문화유산 교육의 방향: 디지털 전통문화 콘텐츠를 중심으로. 중앙사론, 37, 157-190.

오영찬. (2017). 세계문화유산 교육의 새로운 시도: 모바일 기반 현장체험학습. 미술사학, (33), 233-253.

오주석. (2012). 오주석의 한국의 미 특강. 솔출판사.

윤성은 & 한경혜. (2011). 농촌노인들의 생활세계와 농촌 커뮤니티에서의 삶의 의미. 한국노년학, 31(3), 767-793.

윤택림. (2004). 문화와 역사연구를 위한 질적연구 방법론. 아르케.

이도원(엮음). (2004). 한국의 전통생태학. 사이언스북스.

이도원, 박수진, 윤홍기 & 최원석. (2012). 전통생태와 풍수지리. 지오북, 서울.

이재향 & 조벽호. (2012). 고령사회에 대응한 도시형 코하우징 내 세대교류 활성화 계획에 관한 연구. 한국공간디자인학회 논문집, 21, 29-39.

임은진. (2011). 사회과 야외 학습에 대한 학습자 태도 연구. 사회과교육, 50(4), 217-228.

임재해. (2001a). 민속문화, 무엇이 변하고 변하지 않는가. 실천민속학 새책, 3, 15-47.

임재해. (2001b). 민속문화의 자연친화적 성격과 속신의 생태학적 교육 기능. 민속학연구, 8, 353-398.

전은희. (2012). 초등학교에서 다문화 아동들에 대한 인류학적 현지연구를 한다는 것: 연구과정의 어려움과 한계, 시사점을 중심으로. 교육인류학연구, 15(3), 63-97.

지강이 & 정은우. (2014). 대학박물관의 문화유산을 통한 교육활동. 고문화, 83, 161-177.

편해문. (2003). 우리 민속문화에서의 아이들 삶. 생태유아교육연구, 2(1), 41-63.

한경혜 & 김주현. (2005). 농촌마을의 환경특성과 노인들의 사회적 상호작용에 대한 사례연구. 한국지역사회생활과학회지, 16(1), 73-88.

한희정, 육혜인, 오유진 & 김용. (2014). 문화유산기관의 협업을 통한 교육서비스 개발에 관한 연구: 기록관・도서관・박물관을 중심으로. 한국기록관리학회지, 14(2), 31-60.

Balgopal, M. M., & Wallace, A. M. (2009). Decisions and dilemmas: Using writing to learn activities to increase ecological literacy. The Journal of Environmental Education, 40(3), 13-26.

Ballantyne, R., Connell, S., & Fien, J. (1998). Students as catalysts of environmental change: A framework for researching intergenerational influence through environmental education. Environmental Education Research, 4(3), 285-298.

Barthel, S., Folke, C., & Colding, J. (2010). Social–ecological memory in urban gardens—Retaining the capacity for management of ecosystem services. Global Environmental Change, 20(2), 255-265.

Barthel-Bouchier, D. (2016). Cultural heritage and the challenge of sustainability. Routledge.

Bengtsson, J., Angelstam, P., Elmqvist, T., Emanuelsson, U., Folke, C., Ihse, M., ... & Nyström, M. (2003). Reserves, resilience and dynamic landscapes. AMBIO: A Journal of the Human Environment, 32(6), 389-397.

Bergmann, J., & Sams, A. (2014). Flipped learning: Gateway to student engagement. International Society for Technology in Education.

Berkes, F. (1993). Traditional ecological knowledge in perspective. In Traditional ecological knowledge: Concepts and cases (Vol. 1). Canadian Museum of Nature/International Development Research Centre, Ottawa.

Berkes, F. (2017). Sacred ecology. Routledge.

Berkes, F., & Turner, N. J. (2006). Knowledge, learning and the evolution of conservation practice for social-ecological system resilience. Human ecology, 34(4), 479.

Berkes, F., Folke, C., & Colding, J. (Eds.). (2000). Linking social and ecological systems: management practices and social mechanisms for building resilience. Cambridge University Press.

Berkes, F., Kislalioglu, M., Folke, C., & Gadgil, M. (1998). Minireviews: exploring the basic ecological unit: ecosystem-like concepts in traditional societies. Ecosystems, 1(5), 409-415.

Brundtland, G. H., Khalid, M., Agnelli, S., Al-Athel, S., & Chidzero, B. (1987). Our common future. New York.

Bulkeley, H., & Mol, A. P. (2003). Participation and environmental governance: consensus, ambivalence and debate. Environmental Values, 12(2), 143-154.

Carpenter, S., Walker, B., Anderies, J. M., & Abel, N. (2001). From metaphor to measurement: resilience of what to what?. Ecosystems, 4(8), 765-781.

Chapin III, F. S., Kofinas, G. P., & Folke, C. (Eds.). (2009). Principles of ecosystem stewardship: resilience-based natural resource management in a changing world. Springer Science & Business Media.

Colding, J., Elmqvist, T., & Olsson, P. (2003). Living with disturbance: building resilience in social-ecological systems. Navigating social-ecological systems: building resilience for complexity and change, 163-185.

Collins, K., & Ison, R. (2009). Jumping off Arnstein's ladder: social learning as a new policy paradigm for climate change adaptation. Environmental Policy and Governance, 19(6), 358-373.

Costa-Neto, E. M. (2000). Sustainable development and traditional knowledge: a case study in a Brazilian artisanal fishermen's community. Sustainable Development, 8(2), 89-95.

Cumming, G., Cumming, D. H., & Redman, C. (2006). Scale mismatches in social-ecological systems: causes, consequences, and solutions. Ecology and society, 11(1).

D'Amato, L. G., & Krasny, M. E. (2011). Outdoor adventure education: Applying transformative learning theory to understanding instrumental learning and personal growth in environmental education. The Journal of Environmental Education, 42(4), 237-254.

Danielsen, F., Enghoff, M., Magnussen, E., Mustonen, T., Degteva, A., Hansen, K. K., ... & Slettemark, Ø. (2017). 5 Citizen Science Tools for Engaging Local Stakeholders and Promoting Local and Traditional Knowledge in Landscape Stewardship. The Science and Practice of Landscape Stewardship, 80.

Dillon, J., Rickinson, M., Teamey, K., Morris, M., Choi, M. Y., Sanders, D., & Benefield, P. (2006). The value of outdoor learning: evidence from research in the UK and elsewhere. School science review, 87(320), 107.

Dyment, J. E., & O'Connell, T. S. (2010). The quality of reflection in student journals: A review of limiting and enabling factors. Innovative Higher Education, 35(4), 233-244.

Eijck, M. V., & Roth, W. M. (2007). Keeping the local local: Recalibrating the status of science and traditional ecological knowledge (TEK) in education. Science Education, 91(6), 926-947.

Elmqvist, T., Folke, C., Nyström, M., Peterson, G., Bengtsson, J., Walker, B., & Norberg, J. (2003). Response diversity, ecosystem change, and resilience. Frontiers in Ecology and the Environment, 1(9), 488-494.

Falk, J. H., & Dierking, L. D. (1997). School field trips: Assessing their long -term impact. Curator: The Museum Journal, 40(3), 211-218.

Fischer, J., Manning, A. D., Steffen, W., Rose, D. B., Daniell, K., Felton, A., ... & MacDonald, B. (2007). Mind the sustainability gap. Trends in ecology & evolution, 22(12), 621-624.

Folke, C. (2004). Traditional knowledge in social-ecological systems. Ecology and Society, 9(3), 7.

Folke, C., Carpenter, S., Elmqvist, T., Gunderson, L., Holling, C. S., & Walker, B. (2002). Resilience and sustainable development: building adaptive capacity in a world of transformations. AMBIO: A journal of the human environment, 31(5), 437-441.

Folke, C., Hahn, T., Olsson, P., & Norberg, J. (2005). Adaptive governance of social-ecological systems. Annu. Rev. Environ. Resour., 30, 441-473.

Grusec, J. E. (1992). Social learning theory and developmental psychology: The legacies of Robert Sears and Albert Bandura. Developmental Psychology, 28(5), 776-786.

Grusec, J. E. (1994). Social learning theory and developmental psychology: The legacies of Robert R. Sears and Albert Bandura.

Halbwachs, M. (1992). On collective memory. University of Chicago Press.

Helen Kopnina, 「Education for sustainable development (ESD): the turn away from 'environment' in environmental education?」『Environmental Education Research』 18(5), 2012, 699-717

Holling, C. S., & Gunderson, L. H. (2002). Resilience and adaptive cycles. In: Panarchy: Understanding Transformations in Human and Natural Systems, 25-62.

Houde, N. (2007). The six faces of traditional ecological knowledge: challenges and opportunities for Canadian co-management arrangements. Ecology and Society, 12(2).

Huntington, H. P. (1998). Observations on the utility of the semi-directive interview for documenting traditional ecological knowledge. Arctic, 237-242.

Huntington, H. P. (2000). Using traditional ecological knowledge in science: methods and applications. Ecological applications, 10(5), 1270-1274.

Irwin, A. (2002). Citizen science: A study of people, expertise and sustainable development. Routledge.

Kim, G., Kang, W., Lee, D., Vaswani, R. T., & Chon, J. (2019). A spatial approach to climate-resilient infrastructure in coastal social-ecological systems: The case of dumbeong in Goseong County, South Korea. Environment international, 131, 105032.

Kim, G., Kang, W., Park, C. R., & Lee, D. (2018). Factors of spatial distribution of Korean village groves and relevance to landscape conservation. Landscape and Urban Planning, 176, 30-37.

Kim, G., Vaswani, R. T., & Lee, D. (2017). Social-ecological memory in an autobiographical novel: ecoliteracy, place attachment, and identity related to the Korean traditional village landscape. Ecology and Society, 22(2).

Kimmerer, R. W. (2002). Weaving traditional ecological knowledge into biological education: a call to action. BioScience, 52(5), 432-438.

Krasny, M. E., & Tidball, K. G. (2012). Civic ecology: a pathway for Earth Stewardship in cities. Frontiers in Ecology and the Environment, 10(5), 267-273.

Krasny, M. E., & Tidball, K. G. (2015). Civic ecology: Adaptation and transformation from the ground up. MIT Press.

Krasny, M. E., Lundholm, C., & Plummer, R. (2010). Environmental education, resilience, and learning: reflection and moving forward. Environmental Education Research, 16(5-6), 665-672.

Krasny, M. E., Lundholm, C., & Plummer, R. (2010). Resilience, learning and environmental education. Environmental Education Research, 6, 665-672.

Krasny, M., Tidball, K., & Sriskandarajah, N. (2009). Education and resilience: Social and situated learning among university and secondary students. Ecology and Society, 14(2).

Lam, M. E. (2014). Building ecoliteracy with traditional ecological knowledge: do, listen, and learn. Frontiers in Ecology and the Environment, 12(4), 250-251.

Lewinsohn, T. M., Attayde, J. L., Fonseca, C. R., Ganade, G., Jorge, L. R., Kollmann, J., ... & da Rocha, P. L. (2015). Ecological literacy and beyond: Problem-based learning for future professionals. Ambio, 44(2), 154-162.

Loos, J., Horcea-Milcu, A. I., Kirkland, P., Hartel, T., Osváth-Ferencz, M., & Fischer, J. (2015). Challenges for biodiversity monitoring using citizen science in transitioning social-ecological systems. Journal for Nature conservation, 26, 45-48.

Lowenthal, D. (2005). Natural and cultural heritage. International Journal of Heritage Studies, 11(1), 81-92.

Martín-López, B., & Montes, C. (2015). Restoring the human capacity for conserving biodiversity: a social-ecological approach. Sustainability Science, 10(4), 699-706.

Nykvist, B., & von Heland, J. (2014). Social-ecological memory as a source of general and specified resilience. Ecology and Society, 19(2).

Olwig, K. R. (2005). Introduction: the nature of cultural heritage, and the culture of natural heritage-northern perspectives on a contested patrimony. International Journal of Heritage Studies, 11(1), 3-7.

O'Neill, R. V., Deangelis, D. L., Waide, J. B., Allen, T. F., & Allen, G. E. (1986). A hierarchical concept of ecosystems (No. 23). Princeton University Press.

Payne, P. G. (2010). Moral spaces, the struggle for an intergenerational environmental ethics and the social ecology of families: An 'other' form of environmental education. Environmental Education Research, 16(2), 209-231.

Pierotti, R., & Wildcat, D. (2000). Traditional ecological knowledge: the third alternative (commentary). Ecological applications, 10(5), 1333-1340.

Redman, C. L., Grove, J. M., & Kuby, L. H. (2004). Integrating social science into the long-term ecological research (LTER) network: social dimensions of ecological change and ecological dimensions of social change. Ecosystems, 7(2), 161-171.

Risser, P. G. (1986). Address of the past president: syracuse, New York; August 1986: ecological literacy. Bulletin of the Ecological Society of America, 67(4), 264-270.

Scott, J. C. (1998). Seeing like a state: How certain schemes to improve the human condition have failed. Yale University Press.

Spradley, J. P. (2016). The ethnographic interview. Waveland Press.

Swimme, B., & Berry, T. (1992). The universe story. Arkana.

UNESCO, (2010). Incorporating education for sustainable development into world heritage education, UNESCO Bangkok, 93.

Walker, B., & Salt, D. (2012a). Resilience thinking: sustaining ecosystems and people in a changing world. Island press.

Walker, B., & Salt, D. (2012b). Resilience practice: building capacity to absorb disturbance and maintain function. Island Press.

Westley, F., Carpenter, S. R., Brock, W. A., Holling, C. S., & Gunderson, L. H. (2002). Why systems of people and nature are not just social and ecological systems. In: Gunderson, LH and CS Holling (eds.). Panarchy: Understanding Transformations in Human and Natural Systems, 103-119.

Yoon, S., Kim, G., Choi, H., Byun, C., & Lee, D. (2019). Trait-based evaluation of plant assemblages in traditional farm ponds in Korea: Ecological and management implications. Journal of Limnology, 78(1), 92-106.

이 연구가 가능할 수 있도록 열심히 참여해준 모든 서울대학교 학생에게 진심어린 감사의 인사를 전한다.

부 록

외암마을, 그 정체성에 대해 고민하며

지리학과 김동건

지난 4월 23~24일, 우리는 충청남도 아산시 송악면 외암리 민속마을로 답사를 다녀왔다. 다들 공부하느라 한창 바빴던 시험 기간이었지만, 옛 정취와 따뜻한 봄 날씨를 가득 느낄 수 있어 행복한 이틀이었다. 토요일 오전, 영등포역에 모여 누리로를 타고 온양온천역으로 출발했다. 누리로를 탄 것은 처음이었는데 열차 바깥에 '친환경'이라고 크게 쓰여 있어 검색해보았다. 2014년 한국 환경산업기술원으로부터 탄소성적표지 인증을 받았으며 서울-신창을 동일 구간 자동차로 여행할 때보다 탄소배출량이 8분의 1밖에 되지 않는다고 한다(NEWSIS 2014년 2월 19일 기사). 친환경 열차라고 하니 출발부터 느낌이 좋다.

기차가 출발한 지 한 시간 반 정도 지나고, 열차는 온양온천역으로 들어선다. 역 근처에서 이른 점심을 먹고 택시를 이용해서 외암마을로 이동했다. 외암마을이 생각보다 서울에서 가까워 놀랐다. 전통마을의 뛰어난 접근성이 큰 경쟁력으로 작용할 것이라는 생각이 외암마을의 정체성에 대해 고민하는 첫 계기가 되었다. 그래서 나는 외암마을의 매력도를 높이는 요인에는 무엇이 있을까 알아보기로 했다. 생태학 공부 이외에 나만의 답사 목표가 하나 생긴 것이다. 외암마을은 과연 어떤 곳일까를 상상하며 마을로 들어가는 다리를 건넜다. 뒤편

〈그림 1〉 누리로 탄소성적표지 인증(NEWSIS 2014년 2월 19일)

으로 나지막이 보이는 산자락과 아기자기한 마을이 나의 발걸음을 더욱 가볍게 만들었다.

1. 외암마을과의 첫 만남

외암리는 2000년 1월 중요민속자료 제236호이다. 현재 우리나라에서 민속마을로 지정된 마을은 총 7곳인데, 이 중 후손들이 지금까지 살고있는 마을은 외암마을이 유일하며 기와집과 초가집이 한데 어우러진 곳으로도 유명하다. 조선 시대에 유교 사상의 영향을 받아 신분에 따라 생활공간이 엄격하게 나누어져 있으리라 예상했는데, 기와집과 초가집이 공존하고 있는 모습에 놀랐다. 이렇게 전통 생활상을

〈그림 2〉 외암마을로 들어가는 길(김동건 찍음)

그대로 보여주고 있는 외암마을을 잘 보존하기 위해서 마을에 보존회가 조직되어 조경을 가꾸거나 체험프로그램, 축제 등을 진행하고 있다고 한다.

'외암'이라는 이름은 '오양골'에서 유래한 것으로 추정된다. 개울 건너 역말에는 말을 쉬게 하고 바꾸어 타는 시흥역이 있었는데, 지금 외암마을은 말들을 먹이는 자리였다. 조선 중기 예안 이씨가 이곳으로 들어 온 이후 마을은 집성촌으로 번성하게 되었고, 오늘날까지도 마을에는 그의 후손이 살고 있다. 마을은 500년의 역사를 그대로 품고 있다고 할 수 있는 것이다.

외암마을에서 만날 수 있는 역사는 이뿐만이 아니었다. 마을은 풍수지리학적으로 산 증거라고 할 수 있다. 외암마을은 전형적인 배산임수의 형태를 띠고 있는데, 동쪽에 있는 설화산이 마을의 주산이고 산세는 마을을 포근하게 감싸 안는 모양을 하고 있다. 서쪽과 남쪽으로는 개울이 흐르다가 서로 만나므로 동고서저의 지형이다. 따라서 가옥들은 주로 개울이 있는 서남쪽을 향하고 있으며, 사람들은 다리를 건너야만 마을로 들어올 수 있다. 마을의 형태를 직접 보니 왜 조

〈그림 3〉 외암마을 입구의 장승(김동건 찍음)

상들이 그토록 배산임수를 선호했는지 알겠다. 단순히 철학적인 사유에서가 아니라, 정말로 사람들이 살기에 실용적인 이점을 주고 심리적으로도 안정감을 주고 있기 때문이다.

다리는 마을의 경계를 구분짓는 동시에 시간을 과거로 되돌리는 역할을 한다. 다리를 건너며 우리는 300년을 거슬러 올라갈 수 있다. 불과 몇 시간 전까지 고층 빌딩이 가득한 도시에 있었다는 것을 믿을 수 없을 정도였다. 그러니까 이 다리는 실용적인 기능에 더하여 공간의 전환으로 느껴지는 단절감을 극대화하는 기능을 한다. 이는 외암마을의 정체성을 형성하는 데 있어 아주 중요한 요소인데, 전통마을이라는 특성상 일상적 경관과 멀어질수록 깊은 인상을 남길 수 있기 때문이다.

다리를 건너면 여느 마을들과 마찬가지로 입구에 서 있는 장승을 만나게 된다. 장승은 마을로 들어오는 액운을 막아주는 역할을 하며, 솟대도 함께 확인할 수 있었는데 그 기둥이 나무를 깎아 만든 것이 아니라 나무줄기 그대로라는 것이 인상적이었다. 또한 장승이 위치한 곳이 수업에서 배운 수구막이 숲임을 알 수 있었다. 풍수지리학의 원리가 완벽하게 실현되고 있는 마을이었다. 배우지 않았다면 그냥 지나쳤을 모습이라 다시 한 번 놀라웠다.

2. 외암마을의 경관 요소와 생태학

장승부터는 문화해설사의 설명을 들으며 마을을 둘러보았다. 가장 처음 설명해주신 인공수로가 눈에 띈다. 마을 뒷산인 설화산이 풍수상 화기를 머금은 산이어서 화를 막기 위해 상류에서 물길을 끌어들여 마을 곳곳에 물이 흐르게 만든 것이라고 한다. 수로 폭과 높이는 모두 일정한 것은 아니고 역시 풍수지리학적 원리에 입각해서 조금씩 다르다. 물길 덕분인지 외암마을에는 한 번도 화재가 일어나지 않았다는 이야기도 들었다. 풍수지리학적 요소가 사실은 생활용수 및 방화용수라는 실용적인 기능을 한다는 것이 놀라웠다.

물길은 또한 조경의 기능을 훌륭하게 수행하고 있었다. 물은 인간에게 본능적으로 편안함을 느끼게 하는 것이어서, 이 물길 덕분에 마을은 더욱 생명력을 띠고 여행객들은 더욱 편안함을 느낄 수 있었다. 복원된 청계천이 삭막한 도심에서 열섬 현상을 완화했을 뿐 아니라 활기를 불어 넣는 역할을 했는데 이와 비슷한 원리일 것이다. 마을 곳곳을 흐르는 물길은 담장 옆을 주로 지나가지만, 집 안을 흐르기도 하면서 마당에 싱그러움을 더한다. 나는 이것을 보면서 서울대학교의

〈그림 4〉 돌담의 생태적 기능(김동건 찍음)

인문대학교 교정을 흐르는 물길이 떠올랐다. 외암마을의 물길도 사람들에게 심미적으로 즐거움을 주고 있으므로 비록 인공적으로 만들어진 것이라고 해도 교정 곳곳에 물길이 더 만들어졌으면 좋겠다는 생각이 들었다. 직접 검증해보진 못하였지만, 물길은 생태학적으로도 기능할 수 있을 것 같았다. 물길을 따라 잡초나 꽃들이 많이 자라는 것을 보며 마을의 습도를 유지시켜주고 생태계에 수분을 제공하는 역할을 한다는 생각이 들었기 때문이다. 언젠간 꼭 증명해보고 싶은 내용이다.

마을 입구에서 더 올라가면 건재고택을 만날 수 있는데, 이 가옥은 중요민속자료 제233호로 지정되어 있다. 기와집의 구조와 자연을 그대로 살린 정원이 잘 보전되어 있는 것이 특징적이며 '건재'라는 이름은 예안이씨 18세손인 영암군수의 아들의 호에서 따왔다고 한다. 왕을 제외하고 가장 크게 지을 수 있는 넓이인 99칸짜리 저택이었고, 현재는 75칸만 남아 있다. 높은 솟을대문과 잘 정비된 담장에서 그 위상을 느낄 수 있었지만 일반인에게 개방되지 않아 아쉬웠다. 직접 들어가 볼 수 있었다면 가옥의 내부 구조와 정원의 조경이 어떻게 조화를 이루는지 보았을 것이다.

건재고택을 지나 마을을 천천히 통과할 때 가장 인상 깊던 것은 바로 돌담이었다. 설화산이 돌산이기 때문에 마을이 기반을 이루는 토양에 돌이 많았고, 주민들은 이를 이용하여 담을 쌓았다. 어깨 내지는 눈 정도의 높이까지 오는 돌담은 마을 내부 전체를 이으면 그 길이가 6km에 달하고, 너비도 상당해서 돌담 전체에 사용된 돌의 양이 어마어마하다. 구멍이 많은 현무암으로 이루어진 제주도의 돌담과는 달리 더 무게감 있고 꽉 찬 느낌이었다. 새로 부수된 부분도 있지만 오래된 부분이 많아 이끼나 담쟁이넝쿨 등 식생의 서식지로 기능하고 있었다. 자세히 알아보지 못했지만 곤충류나 구렁이, 뱀 등의 작은 동물들도 돌담을 이용하여 서식하고 있을 것이다. 돌, 양반, 말(言)이 많아 제주도에 이어 '삼다(三多)' 마을로 불렸다는데 우스갯소리일지언정 그만큼 마을에 돌이 많았다는 뜻이리라. 마을의 경관을 이루는 요소가 긍정적인 생태계 서비스를 제공하고 있는 모습이었다. 도시 경관을 좀 더 생태학적으로 친환경적으로 바꾸고 싶다면 참고할 수 있다.

다양한 종류의 나무와 꽃, 잘 가꾸어진 텃밭도 나의 눈을 즐겁게 하는 경관 요소였다. 한창 봄날이었던 시기라 겹벚나무, 민들레, 금낭화, 꽃잔디 등 갖가지 색깔의 꽃들이 담장 아래 예쁘게 심어져 있었는데 주민들이 마을을 예쁘게 가꾸어 나가는 데 많은 노력을 기울인다고 했다. 이러한 내용은 미디어에서도 소개됐다(뉴스타운 2016). 꽃들은 사람들에게는 심미적으로 즐거움을 주고 수분을 통해 생태계 순환에도 도움이 될 것이므로 외암마을에서 큰 역할을 하고 있다고 볼 수 있다. 나무를 식별할 수 있는 능력은 아직 부족하여 많이 알아보지는 못했지만, 마을 곳곳에 다양하게 식재되어 있으며 초가지붕이

겹벚나무

정원 내 소나무

마을 내 텃밭

〈그림 5〉 외암마을의 여러 경관 요소(김동건 찍음)

나 기와지붕과도 조화를 이루는 모습이 아름답게 보였다. 화단뿐만 아니라 파, 상추, 들깨 등을 심은 텃밭도 집집마다 발견할 수 있었다. 외암마을 내에서의 자급자족을 위한 역할로 주로 쓰이고 있겠지만, 이렇게 작은 규모의 마을 내에서 토지 이용이 다양하게 이루어지고 하나의 생활공간으로 돌아가고 있다는 점이 경관 요소로도 훌륭하게 여겨졌다. 최근에는 도시텃밭에 대한 논의도 활발하게 진행되고 있는데(아시아투데이, 2016), 이렇게 작은 공간을 활용하는 것만으로도 다양한 기능을 할 수 있을 것 같다.

2012년에 부러진 보호수

숙소 앞 보호수

〈그림 6〉 외암마을의 여러 보호수 모습
(좌: 2012년에 부러진 보호수, 우: 숙소 앞 보호수)(김동건 찍음)

구불구불한 길, 비슷하게 생긴 지붕들 때문에 마을 내에서는 쉽게 길을 잃을 수 있었지만 우리 숙소를 찾는 것만큼은 어렵지 않았다. 숙소였던 초가집 바로 앞에는 600년 된 느티나무가 우뚝 솟아 있었기 때문이다. 1982년 보호수로 지정된 것이라 한다. 몇백 년 긴 세월 동안 외암마을을 지켜보았을 거라 생각하니 새삼 나무에 대한 존경심이 든다. 얼마나 많은 사람들에게 자신의 그늘을 내어 주었을까.

그런데 자세히 보니 이상한 물질로 나무의 몸통 부분 한쪽이 채워져 있었다. 딱딱한 스펀지 같은 것이었는데, 나무가 썩은 부분을 도려내고 메운 듯 했다. 심지어 나무줄기가 옆으로는 뻗지 않고 위로만 높은 것도 이상해 보인다. 느티나무에 대한 정보를 찾기 위해 인터넷에서 이것저것을 검색해보니, 마침 2012년에 있었던 사건 하나가 눈에 들어온다. 민속마을 내 가옥 보수를 하기 위해 굴삭기를 싣고 가던 화물 차량이 굴삭기 높이와 나뭇가지 높이를 계산하지 못해 그만 나뭇가지를 부러뜨렸다는 것이었다. 사진을 확인해보니 부러진 줄기가 매우 굵어서 나무에 적잖은 피해가 가해졌을 것으로 보였다. 아마 부러진 줄기를 잘라 내고 나무에 해가 되지 않는 소재로 그 부분을 메웠을 텐데, 600년 세월을 견딘 나무가 하루아침에 제 모습을 잃었다니 안타까울 뿐이었다. 장승제를 지내는 정월 대보름날 이 나무를 위한 목신제도 함께 지낸다고 한다. 부디 나무의 신이 앞으로의 600년도 이 보호수와 외암마을을 잘 지켜주었으면 좋겠다.

외암마을 해설 투어의 종착점은 외암리 참판댁으로, 예안 이씨 11세손이 살던 곳이다. 이 집은 역사적으로 의미가 깊어 중요민속자료 제 195호로 지정되어 있고, 생태학적으로도 흥미로운 부분이 있었다. 19세기 말 규장각의 직학사와 참판을 지낸 이정렬은 절개가 굳은 사람이었고 국권이 피탈당하자 '빼앗긴 나라에서 녹을 받아먹을 수 없다'며 낙향했다. 고종은 이참판을 다시 조정으로 부르기 위해 온갖 수를 써 보았지만 소용이 없었고, 결국 '퇴호거사'라는 사호를 내리며 이 집을 지어주게 된다. 그래서 집에는 고종의 아들 영친왕이 9세 때 쓴 '퇴호거사'라는 현판이 걸려 있다. 해설사 분이 이곳에서 특징적인 것을 찾아보라고 해서 모두들 주위를 두리번거리는 순간, 돌로 쌓은 단에 기와 두 장을 마주 대 만든 구멍이 눈에 띈다. 재빨리 손가락으로 가리키니 다들 놀라운 얼굴이다. '그러면 어떤 용도로 쓰였던 것일까?'라는 두 번째 물음에 '연기…'라고 조심스럽게 추측했더니 다시 한 번 맞았다. 다들 더 놀라는 얼굴이다. 해설사 선생님께서는 여기서 바닥 쪽으로 굴뚝을 낸 데에는 여러 이유가 있을 것이라 말씀하셨다. 해충을 막는 역할, 밥 못 짓는 사람들을 생각해서 밥 짓는 냄새가 퍼지지 않도록 하는 배려의 역할, 혹은 연기가 쭉 퍼져나가서 신선놀음을 할 수 있었다는 내용이었다. 그러고 보니 가옥 바로 근처에 농지가 많고 마을 곳곳에 물길이나 나 있으니 벌레가 많았을 수 있겠다는 생각이 들었다. 주어진 환경에 적응하여 살아가기 위한 여러 가지 방법을 고민했던 우리 선조들의 지혜를 엿볼 수 있던 시간이었다.

이처럼 외암마을에는 장승, 물길, 돌담, 건재고택, 다양한 식생, 보호수, 텃밭 등 외암마을의 생태와 경관을 이루는 많은 요소들이 조화를 이루고 있었다. 마을로 들어서며 '외암마을은 과연 어떤 곳일까, 무엇이 특별할까'라고 던졌던 질문에 대한 답을 자연스럽게 찾을 수 있었던 것 같다. 그 답에 대해서 좀 더 자세히 이야기해보도록 하자. 어쨌든 나는 외암마을의 곳곳을 살펴보며 그 매력에 더욱 빠져들고 있었다.

3. 외암마을의 관광

투어를 마친 뒤부터는 조별로 자유 답사 시간이 주어졌다. 이화연, 김윤주 학우와 나로 결성된 우리 조는 외암마을이 세계문화유산으로 등재되기 위해 노력하고 있다는 점부터 논의를 시작했다. 외암마을은 2009년 세계문화유산 잠정목록으로 등재되었으며 현재 세계문화유산으로 이름을 올리기 위해 다각적인 노력을 하고 있다(디트뉴스24 2009). 내가 본 외암마을은 그 규모에 비해 인문학적으로도 생태학적으로도 훨씬 큰 가치를 갖고 있었는데 세계문화유산으로 등재되기 위해서는 더 많은 조건들을 충족시켜야 한다는 것을 알게 되었다. 우리는 어떻게 하면 외암마을이 세계문화유산으로서의 경쟁력을 갖출 수 있을지에 대한 논의를 진행했다.

〈그림 6〉 다양한 짚풀 체험을 진행하고 있는 짚풀문화제(출처: 윤광진 2012)

아산시나 문화재청, 외암마을 보존회에서는 외암마을의 가치를 높이기 위해 다양한 관광 정책을 추진하고 있었다. 가을에 짚풀문화제를 개최하며, 주말에는 전통혼례나 국악 공연 등 다양한 체험 프로그램을 진행하고 외암마을과 연계하여 '저잣거리'라는 상권을 조성하거나, 'Airbnb'와의 협약을 통해 한국인뿐만 아니라 더 많은 외국인 관광객을 유치하기 위한 노력들이 그것이다.

특히 매년 10월 열리는 짚풀문화제는 아산시와 외암마을 보존회가 공동으로 주최하며 짚풀체험, 전통문화체험, 다양한 국악 공연, 민속놀이 등을 진행하여 관광객과 주민들이 함께 할 수 있는 참여형 축제로 이름이 높다(문화체육관광부 2015) 마을 내 주민들께 여쭤보니 이 시기에 관광객이 폭발적으로 늘어나서 관광 수입이 많아진다는 이야기를 들었다. 축제는 주민뿐만 아니라 관광객에게도 긍정적인 영향을 끼치는데, 특히 아이들에게 전통 문화와 생활상을 알려줄 수 있는 교

〈그림 7〉 2015년 7월 개장한 외암마을 저잣거리

육적 효과가 크다. 또한, 세계적으로도 널리 알릴 만한 콘텐츠라고 평가된다. 중국이나 일본도 우리와 같은 벼농사 문화권이지만 우리만큼 생활 속에서 짚을 다양하게 이용하지 않기 때문이다. 다만 아쉬웠던 것은 3일간의 짚풀 축제가 콘텐츠 측면에서 장기적으로 파급 효과를 내지 못하고 있다는 점이었다. 짚풀을 이용한 공예나 체험이 마을 내에서 관광 콘텐츠로 지속적으로 역할을 한다면 더욱 의미 있을 텐데 답사를 다니면서 짚풀문화가 활용되고 있다고 느끼지 못했다. 들어보니 짚풀문화제 때 공예를 하는 장인들마을 주민들이 아니라 외부에서 모셔온 분들이라고 하는데, 그때문인 것 같다.

우리는 마을 내에서 답사를 진행하면서 외암마을이 옛날 모습 그대로를 유지하고 있는 것은 좋지만, 관광지로서 확실한 무언가가 필요하다고 판단했다. 아마 짚풀문화가 더욱 풍성해진다면 그 역할을

〈그림 8〉 2016년 4월 외암마을에서 체결된 농촌관광 활성화 상생 업무협약

할 수 있을 것이다. 짚풀문화제가 일 년에 한 번으로 끝나지 않고 외암마을 내에서 전수되면서 외암마을의 정체성을 만들어준다면 좋겠다.

그 외에도 관광객을 유치하기 위한 저잣거리 활성화, 숙박 애플리케이션과의 협약 등은 긍정적으로 평가했다. 다만 이러한 요소들은 외암마을의 관광업을 지탱할 수 있는 부수적인 요소이지, 본질적인 것이 아니므로 외암마을을 널리 알리기 위해서는 주민과 지역 사회의 지속적인 노력이 필요할 것이다.

짚풀문화제 외에도 세계문화유산, 외암마을의 농업, 경제적 기반, 주민들의 생활상 등 1박 2일의 답사 기간 동안 우리는 외암마을의 다양한 면모를 탐색했다. 저녁 식사 전 우리가 본 것들을 바탕으로 중간발표를 진행하며 피드백을 받기도 했고, 이튿날에는 다리 앞에서 떡을 파시는 할머니들과 외국인 관광객, 부녀회장님 등 사람들을 만나 이야기를 들었다. 쉬운 답사는 아니었다. 짧은 시간 내에 연구 주제로 쓸 만한 아이디어를 모아서 검증해 보아야 했고, 인터뷰는 누구를 대상으로 무엇을 물어봐야 할지 정하는 일도 생각보다 어려웠다.

하지만 무엇보다도 살아 숨쉬는 외암마을을 만났다는 것이 내게는 큰 기쁨이고 영광이었다. 이렇게 잘 보존된 마을을 볼 수 있었음에 감사하던 시간이었다. 타임머신을 타고 300년 전으로 돌아간 곳에는 억지로 지어지지 않은, 있는 그대로의 전통 마을이 있었다. 관람을 위해 만들어 놓은 민속촌에서는 현실에 존재하는 어떤 인공적인 공간이라는 느낌을 받는다. 그런데 외암마을은 너무 현실적이어서 오히려 비현실적이었다. 오늘날에도 이렇게 현실감 넘치는 전통 공간이 존재하고 있다는 것이 믿어지지 않았다고 할까.

사실 나는 마을이 이대로 지속할 수 있도록 하는 것이 중요하지, 관광업을 더 활성화시켜서 더 많은 관광객이 찾아오도록 하는 것을 원하지 않는다. 외암마을은 그 규모가 작고 근본적으로는 주민들이 살아가고 있는 곳이기 때문에 관광객이 더 늘어나면 마을의 수용 능력을 넘어설 것이기 때문이다. 그렇게 되면 에너지 문제, 쓰레기 문제 등 생태학적으로도 여러 문제가 발생할 수 있으며 소란스러운 관광객들을 피해 주민들이 마을을 떠나 외암마을의 존속 자체가 위협받을 수도 있다는 것이다. 이와 관련해서는 얼마 전 과다한 관광지화로 시달리다 벽화를 없애버리기 시작한 이화벽화마을의 사례를 생각해 볼 수 있다. 너무 많은 관광객이 찾아와 생활공간마저 침해당하자 일부 주민들이 회색 페인트로 벽화를 덮어버린 일인데, 공동체를 고려하지 않은 과도한 지역 활성화 정책이 낳은 폐해라고 할 수 있겠다. '타산지석'이라는 말도 있지 않은가. 외암마을의 미래를 위해 꼭 고려되어야 할 점이다.

외암마을을 나서는 발걸음은 그렇게 가볍지 않았다. 벌써 정들어버린 마을을 떠나는 것이 아쉽기도 했고, 다시 현실로 돌아와야 하는 부담감도 있었고, 외암마을의 미래를 어떻게 그려보아야 할까 고민이 많이 되었기 때문이다. 한 가지 확실한 것은 오랫동안 다시 찾고 싶은 마을로 마음속에 오래 남을 거라는 점이다. 언제든지 돌아올 수 있게, 그리고 내 자식들과 후손들도 이 정감 있는 마을을 만날 수 있게 외암마을이 지속되길 바라본다.

참고문헌

김철진. 2012. 600년 외암민속마을 보호수 제 모습 잃었다. 네이버 블로그: http://blog.naver.com/asansarang/156970089

류재민. 2009. 외암마을 '세계문화유산 잠정목록' 등재… 문화재청, 전문가 자문 거쳐 목록 신청서 유네스코 제출 예정. 디트뉴스24

문화체육관광부 홈페이지. 2015. 외암민속마을

양승용. 2016. 아산외암민속마을 "초가집 주위로 꽃을 품다". 뉴스타운

윤광진. 2012. 21일까지 외암민속마을 짚풀문화제. 한국농어민신문

조상은. 2016. '도시텃밭' 가꾸며 건강 챙기고 힐링. 아시아투데이

짚풀문화제 http://www.mcst.go.kr/web/s_culture/festival/festivalView.jsp?pSeq=2145

외암마을 물길과 회복탄력성

연구참여자: 송하진, 엄기영, 윤여솔

1. 들어가며

충남 아산시 송악면 외암마을은 정부가 지정한 전통민속마을이다. 이 마을에는 지금도 기와집과 초가집을 포함하는 전통 경관 요소들이 보존되어 있다. 덕분에 아이들과 함께 가족이 와서 우리의 전통 문화를 경험하기도 하고 여러 학자들의 연구대상도 되고 있다.

조선 시대에 형성된 것으로 알려진 이 마을 안으로 작은 물길이 흐르는 것이 특이하다. 이웃한 자연 개천에서 물을 끌어오고 돌을 쌓아 정비한 이 인공 물길은 실핏줄처럼 마을 구석구석을 돌아다니다가 마을 입구에서 개천과 합류한다. 다른 전통마을에서 쉽게 만나기 어려운 이 인공 물길은 풍수지리적인 이유와 외암리 특유의 지리적 특성과 관련이 있다. 실제로 인공 물길은 마을 내부에서 긍정적인 기능을 발휘했다. 그러나 시간이 흐르며 인공 물길은 변질되었다. 물의 흐름이 드러나지 않는 시멘트 관으로 바뀌었고, 수도시설이 들어오면서 제대로 관리도 되지 않는 실정이다. 이러한 변화는 외암마을의 생태적 회복탄력성(resilience)을 떨어뜨리는 데 작용할 것으로 보인다.

전통마을 중에서는 적절한 물길 설계와 관리를 통해 회복탄력성을 유지하는 사례들이 있다. 김천시 원터마을과 수원 화성이 대표적이다. 서울 청계천의 경우에는 물길을 도심 안에 설치하여 나름대로의 좋은 기능을 발휘하고 있지만 지나치게 인공적이라는 부정적인 측면을 가지고 있다.

규모의 차이는 있지만, 인공 수로는 때로 부작용을 낳기도 한다. 특히 이명박 정부에서 추진한 4대강 정비 사업은 이른바 '녹조라떼'의 등장과 함께 어류 종과 개체 수의 감소, 외래종의 번식 등 생태적으로 극도로 악화된 환경을 보이며 우려의 대상이 되었다. 또한 조선시대에 만들어졌던 마을 단위의 인공 물길이 도시의 현대화 과정에 대부분 파괴되었다. 이러한 상황에서 외암마을의 소규모 마을 물길에 대한 연구 결과는 청계천과 같은 도시 하천이나 4대강 사업의 폐해를 개선하는 데 참고가 될 것이다.

실질적인 연구는 공간 범위를 외암마을과 물길에 한정하고 문헌조사와 현장답사, 주민인터뷰를 통해 수행했다. 관련 문헌들을 검토하여 방향을 설정한 다음 이틀 동안 현장답사와 3번의 주민 인터뷰를 가졌다. 이후 외암마을과 비슷한 사례와 관련 개념에 대한 문헌들을 참고하여 보고서를 작성했다.

2. 외암마을 인공 물길의 과거와 현재

1) 조성 배경

외암마을 안의 수로는 마을 왼쪽으로 흘러내리는 시냇물 일부를 도랑을 만들어 마을 안으로 끌어오는 방식으로 만들었다. 마을로 진입한 물은 송화댁과 건재고택과 같은 반가를 지난 다음 둘로 나누어져 평민들이 살던 구역으로 흐른다. 주택지를 통과한 물길은 마을 입

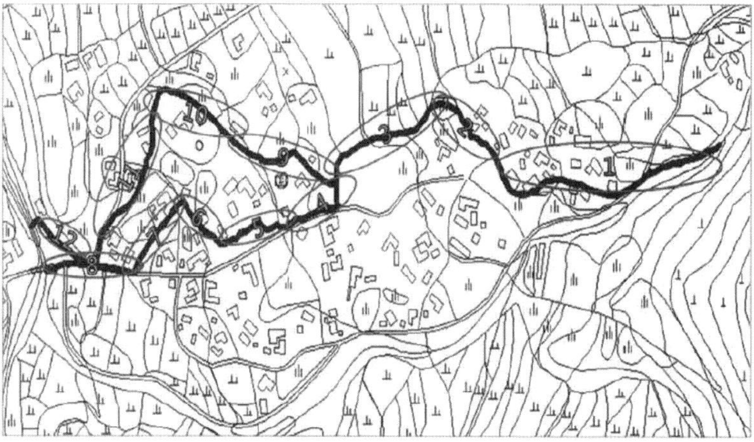

〈그림 1〉 외암마을 물길의 흐름(신영호 등 2011)

구 부근에서 다시 합쳐져서 빠져나간다. 인공 물길이 조성된 시기는 분명하지 않으나, 물길은 외암마을이 조성되고 나서 얼마 있지 않아 만들어진 것으로 보인다. 조성 배경에 대해서는 마을 지형에 대한 풍수지리적인 해석과 외암마을 특유의 자연지리적인 특징과 관련이 있는 것으로 전해진다.

먼저 풍수지리적인 해석은 외암마을의 주산의 형상과 관련이 있다. 주산은 〈그림 2〉의 설화산(雪火山)으로 북동쪽에서 마을을 내려다보고 있다. 이 설화산은 이름에 '불 화(火)'자가 들어있는 것에서도 볼 수 있듯이 불의 형상을 띄고 있다고 전해진다. 아마도 가운데 봉우리의 뾰족한 형세가 불꽃을 연상시킨 것으로 보인다. 마을의 주산이 화기가 강하여 마을에 화재가 나기 쉽다고 믿은 옛 마을 사람들은 설화산의 계곡에서 물을 끌어와 그 기운을 누르고자 했다. 이것은 관악산의 화기를 막기 위해 남대문의 현판을 '맞불'을 상징하는 세로로 걸고, 또한 여러 연못을 한양 도성 안과 주변에 만든 시도와 비슷하다

〈그림 2〉 설화산의 형세(송하진 사진)

(이도원 등 2016).

이와 같은 풍수적인 해석은 외암마을의 주변의 지형 능력과 낮은 토양 수분보유능력(water retention capacity)과 관련이 있을 것으로 보인다. 〈그림 3〉은 외암마을과 그 인근 지역의 지질도이다. 지도 동쪽 방향의 붉은 십자 기호는 중생대 쥬라기에 형성된 흑운모화강암층이다. 외암마을을 감싸는 산줄기는 전형적인 산지이며, 그중에서도 화강암 비율이 높은 돌산으로 마을 일대의 토심도 얕고 돌이 많아 수분을 간직할 수 있는 능력이 매우 낮다. 겉보기에도 설화산에는 드문드문 식생이 없는 절벽이 보이는데, 이는 애추사면(talus slope)으로 암설이 깎아지르면서 생긴 사면으로 암반 위에 얇은 토양층이 쌓여 있는 특성을 보여준다. 반면 그림의 외암마을 부분은 충적층으로 비교적 적은 양의 흙과 많은 돌과 작은 암석들로 이루어져 있다. 고도를 감안한다면 외암마을 동쪽의 계곡 지형을 중심으로 부채꼴을 펼치며 급

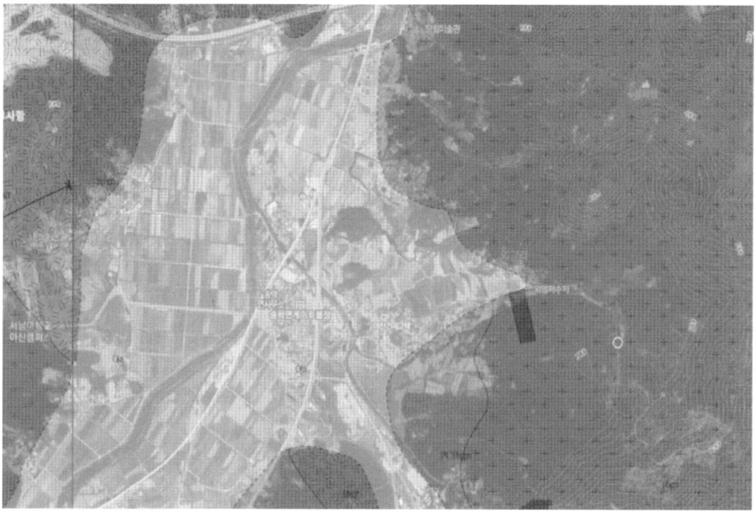

〈그림 3〉 외암마을과 그 인근 지질도(한국지질자원연구원 2014)

격히 낮아지는 선상지 지형이 펼쳐지고 있다. 선상지에서는 조립질 입자들이 먼저 퇴적되므로 배수성이 강하고, 따라서 선상지 인근에는 물이 부족한 현상을 보인다. 지하수위 역시 상당히 낮은 편으로 2013년 기준 여타 금강 권역의 평균 지하수위가 60EL.m임에 비해 외암마을 인근인 아산 득산 관측소를 기준으로 하면 수심이 15.9EL.m로 1/4밖에 되지 않는다(국토교통부 2014). 이와 같이 외암마을은 토양과 대수층에 저장될 수 있는 물이 절대적으로 부족한 여건을 지니고 있다. 따라서 마을에서는 농업용수와 생활용수도 부족할 뿐더러 목재 건물이 많았던 시절 건조한 겨울에는 특히 화재 위험에 취약했을 것으로 보인다.

외암마을에 정착한 옛 주민들은 취약한 여건을 개선하기 풍수 원리를 이용하여 인공 물길을 만들었고, 실재로 마을 토양의 수분 함량

〈그림 4〉 인공물길과 주변의 토양(이도원 사진, 2015년 8월)

을 높일 수 있었다. 〈그림 4〉는 외암마을 건재고택 뒤편 인공 물길 주변의 땅을 보여준다. 여기에는 인공 물길뿐만 아니라 우물도 존재할 만큼 상대적으로 수분 함량이 높다. 따라서 해당 지역에서는 비교적 식생이 풍부하게 분포하고, 토양도 양호할 가능성이 높다.

2) 현재 모습

외암마을 인공 물길은 조성된 이후 오랜 시간동안 주민들의 빨래 및 설거지 등 허드렛물로 활용되었다. 40년 동안 마을에 사신 할머니는 이전에는 물길과 주민의 상호작용이 활발했다고 한다. 그러나 시대가 변하고 외암마을에도 상하수도 시설이 갖추어지면서 주민들이 인공 물길의 물을 쓸 기회는 줄어들었다. 이제 인공 물길은 과거에 비해 주민들의 관심에서 많이 벗어났고, 문화해설사들은 관광 유산의 하나로 물길을 언급하며, 일부 학자들만이 관심을 보일 뿐이다. 외암

〈그림 5〉 물길의 시멘트 수로관(송하진 사진)

마을 공식 홈페이지에서는 물길 검색을 위한 탭 하나를 포함했으나 관광 안내 팜플렛에서는 전혀 언급하지 않고 있는 실정이다.

지금의 인공 물길은 과거 처음 만들어졌을 때와는 사뭇 다른 모습이다. 대표적인 변화는 시멘트관의 설치로 일부 물길을 땅 속으로 감춰버린 것이다. 〈그림 5〉와 같이 눈에 띄지 않는 인공 수로 구역에는 시멘트 관이 깔려 있다. 과거에는 시멘트 관보다는 조금 허름하지만 돌을 쌓아 만든 도랑에서 수분이 흙과 접촉하여 땅으로 스며들고, 그 물을 이용하는 식물들이 넉넉하게 자라던 시절도 있었다고 한다. 그러나 시멘트 관에서는 수분이 흡수될 여지는 거의 사라졌고 식생이 뿌리내려 살아가기엔 어려운 환경이 되었다. 이제는 시간을 정해 도랑으로 흘러내리는 물은 땅을 제대로 적실 기회도 없이 마을 밖으로 빠져나간다. 말하자면 마을 땅의 수분 함유량을 높이던 기능은 사라

〈그림 6〉 복원한 빨래터(이도원 사진, 2015년 10월)

지고 겉모양만 유지되고 있는 셈이다. 더구나 과거에 공동체가 가꾸던 외암마을 물길을 이제는 따로 정기적으로 관리하는 주체도 없다(주민 인터뷰). 물길에 쓰레기가 버려져 있어도 봉사활동을 하는 사람들이 간헐적으로 주울 뿐이라고 한다.

이제 과거에 사용하던 인공 물길의 실용성은 사라져버렸다. 더 이상 주민들은 물길에서 흐르는 물을 가지고 빨래를 하거나 설거지를 하지 않고, 단순히 관광 상품의 일부가 된 모습이다. 〈그림 6〉은 과거에 빨래터로 사용하던 구역의 복원된 모습이다. 아마도 주민들은 빨랫감을 들고 마을의 중심부인 여기로 와서 빨래를 하며 서로 만나면서 이웃 간에도 더욱 친밀해지는 시간도 공유했을 터이다. 그러나 더 이상 이곳에 물은 흐르지 않고, 빨래를 하러 오는 사람도 없다.

바뀐 외암마을 물길의 생태적인 기능은 바람직할까? 가끔씩 물이 흐르기는 하지만 제대로 관리되지 않는 인공 물길을 보는 마음은 썩 유쾌하지 않다. 주택지의 도로가에 이웃한 물길은 지대가 상대적으로 낮아 버려진 쓰레기와 오수가 쉽게 모여드는 집합소처럼 되기도 한다. 최대한 전통적인 모습을 보존해야 하는 외암마을에서는 시멘트관의 존재부터가 마을의 가치를 떨어뜨리는 요소이기도 하다. 토양의 수분 부족을 초래하여 물가의 식생도 빈약하고 생태적인 넉넉함을 보기도 어렵다. 제대로 관리되지 않고 있는 인공 물길은 관광지로서의 외암마을에도 위협 요소가 되어가고 있다.

외암마을 인공 수로의 관리 소홀은 인명 피해를 낳을 수도 있다. 평생 외암마을에서 사신 할아버지는 이런 말씀을 하셨다.

> "올해가 아주 말도 못하게 가물었다고. (개천 자리를 가리키며) 원래 여기가 개천이 흘렀는데 물이 없잖여. 이게 다 가물어서 그래. 지금 하도 풀이 자라는데… 이것도 (마을 주민들이) 한번 베어낸 것이요. 그런데 물이 없으니까 여기에 온갖 짐승들이 올라와. 고라니, 돼지가 저 밑에서 올라오고… 그래, 독사가 나와 독사가! 그런데 뭐, 동물단체 그거는 잡지도 못하게 하고… (후략)"

어르신 말씀대로 2015년 여름은 전국에 가뭄이 들었고, 외암마을도 예외는 아니었다. 답사를 나간 10월에도 마을 입구의 시내엔 물이 거의 없고 마을 물길은 말라 있었다. 시내에는 주민들이 베어냈었다고 하는데도 잡초가 무성하게 자라 있었다. 그나마 물이 조금씩 흐르다 보니 강바닥 토양에는 수분이 조금씩 고이고, 그 물을 마시기 위해 고라니와 멧돼지, 독사들이 마을 어귀에 출몰하니 마을 물길에도 독사가 나타날 것 같아 겁이 난다는 것이다. 거기에 물길 관리 책임을 맡은 주체가 없다면 상류에서 독성 물질이 방류됐을 때, 주민과 관광객이 그대로 위험에 노출될 상황이 생길 것이다. 이렇게 외암마을 인공 수로의 변질과 관리의 부재는 외암마을에 잠재적인 위협 요소가 된 셈이다.

3. 외암마을 물길의 회복탄력성

앞에서 외암마을의 물길의 형성 배경과 변화와 함께 물길의 관리 소홀로 빚어질 문제점을 살펴보았다. 이와 같은 현상을 '회복탄력성'의 개념으로 조금 더 검토해보자.

1) 회복탄력성

회복탄력성의 공학적 정의는 어떤 체계가 균형점을 찾아 돌아가는 데 걸리는 시간을 말한다(Gunderson 2000). 회복탄력성의 생태적 정의는 생태계가 외부에서 가해지는 예기치 못했던 교란을 흡수하는 능력으로 감당할 수 있는 교란의 크기로 측정할 수 있다(Gunderson 2000). 전자는 회복하는 데 걸리는 시간을, 후자는 회복하기 위해 흡수할 수 있는 외부 교란의 정도를 강조한다. 이 논의에서는 회복탄력성의 생태적 정의가 적절하다.

생태계에서 회복탄력성은 다음과 같이 네 단계로 나뉜다. 먼저 이용단계인데, 최근에 교란이 일어난 지역에 새로운 생태계가 형성되는 과정이다. 성숙단계에서는 영양물질이 쌓인다. 또한, 생태계 내에서 종들끼리 생존경쟁이 일어난다. 다음은 창조적 파괴 단계인데, 산불이나 해충, 황폐화 등으로 쌓아두었던 여러 물질들이 방출되는 현상이 일어난다. 마지막이 재조직 단계로, 새로운 균형점을 찾아 또 다른 생태계가 형성된다(Gunderson 2000).

생태계에서 회복탄력성은 지속가능성과 지향점이 비슷하다. 모두 원활하고 안정적인 생태계를 지향하며 그 안에서 벌어지는 생태계의 동적인 활동도 인정한다. 이 둘의 차이점은, 지속가능성이 생태계의 시간적 지속성에 중심을 두는 반면 회복탄력성은 외부 자극에 대한 내성을 다룬다.

외암마을은 여러 변화 과정을 거쳤으나 관광지가 되기 전까지는 비교적 원활한 회복탄력성을 지닌 생태계를 유지하고 있었을 것이다. 과거 우물을 이용하고 수로에서 빨래를 할 수 있었던 점으로 미루어 보아, 수로가 물을 충분히 마을 내에 머무르게 하는 역할을 수행했고, 주민들은 비록 인공적으로 만들었지만 이 수로를 일상의 삶을 유지하는 데 필수적인 요소로 간주했을 것이다. 이 물길이 마을 사람들에게 얼마나 중요하게 받아들여졌는지는 지위에 따른 가옥과 물길의 배치에서 어느 정도 짐작할 수 있다. 대체적으로 높은 지위에 있는 사람들, 즉 조선 시대 양반들이 마을 윗편에 자리를 잡고, 그 집 내부에는 물길을 길게 둘렀다. 반면 평민의 집들은 물길을 옆으로 타고 흐르게 지어졌다. 요컨대 물길에 대한 접근성이 사회적 지위에 의해 좌우되었다. 마을 뒷산과 가까운 자리에 사당이 있는데, 이는 마을 내부에서 물길이 발원하는 곳과 아주 가깝다. 마을에서는 이를 신성한 곳으로 여겨 사람들이 그 너머로 가지 못하게 했다는 것이 우리의 추론을 뒷받침해준다. 사당 너머 상류의 물을 함부로 건드리지 않음으로써 유역이 가뭄 등을 겪더라도 버틸 수 있도록 옛 사람들이 설계한 것으로 보인다.

생태적으로도 이전 외암마을의 물길은 회복탄력성에 기여했다. 마을 내부로 물길을 둘러놓아 열악한 토양 상황에도 불구하고 마을 안의 식물들이 충분한 양의 물을 머금고 자랄 수 있었다. 마을 주변에

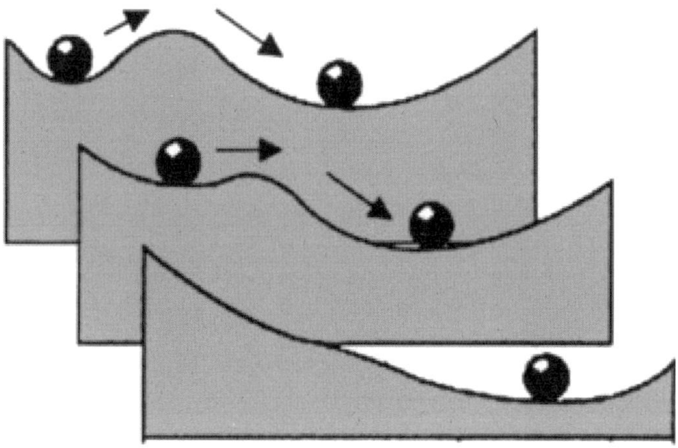

〈그림 7〉 회복탄력성

생태계의 안정성을 보여주는 개념도. 높이는 생태계의 안정성 수준이며 각각의 구슬은 균형점을 의미한다. 회복탄력성의 공학적 정의는 경사이며, 생태적 정의는 균형점의 넓이로 표현된다. 두 정의에서 각각 경사가 급할수록, 넓이가 클수록 회복탄력성이 크다.

는 물을 많이 사용하는 논농사가 이루어졌음에도 불구하고 집 안에 정원을 꾸밀 수 있을 정도였으니, 물길이 주는 혜택이 현재에 비해 다양했다고 추론할 수 있다.

2) 회복탄력성 개선 방법

회복탄력성을 개선하는 방법은 공학적 정의와 생태학적 정의에 따라 다르다. 전자는 손상된 생태계를 원래의 균형점으로 돌리는 것이 목적이고, 후자는 새로운 균형점을 인정하고 그 범위 내에서 외부 자극을 흡수하는 능력을 키우려고 하는 것이다.

전자에 해당하는 사례로는 스위스 취리히의 리마트 강 복원 노력을 들 수 있다. 이 강은 예전에 산업화로 없어졌던 것이다. 그러나 자연형 하천복원 기술을 연구한 끝에 강바닥이 보일 정도로 맑은 하천으로 다시 태어났다. 이 기술은 하천의 홍수조절 기능과 유수 기능, 생태계 활성화 기능을 동시에 충족시켰다. 또한 생활하수를 하천에 유입하지 못하도록 하면서 외부 교란이 일어날 확률을 대폭 줄였고 덕분에 회복탄력성의 원상 복구에 큰 역할을 하였다(한관우 2014).

두 번째 방법에 대한 사례로는 한국 경기도의 안양천이 있다. 이 강은 공장들이 배출하는 폐수로 심하게 오염되었던 강이었으나, 단계적인 복원 사업을 통해 점진적으로 회복탄력성을 증가시켰다. 이는 공업화 이전의 생태계 수준까지는 아니지만 사람들의 휴식 공간이 될 수 있을 정도까지 재정비한 보기가 된다(EBS 2013).

3) 외암마을 물길의 회복탄력성

현장답사를 바탕으로 진행한 우리 연구는 다음 언급할 점들을 고려하여 외암마을 물길의 회복탄력성이 위협받고 있다고 평가한다. 이것은 자연생태적 요소 두 가지와 인문사회적 요소 두 가지로 살펴본 결과를 근거로 한다.

첫 번째는 선상지의 특성상 외암마을 내부 물길을 지속시킬 저수지의 저수량이 충분하지 않다는 점이다. 외암마을 뒷산의 설화산에서 발원하는 물길의 수원(水源)은 보수성이 떨어지는 토양으로 이루어진 곳으로, 물이 쉽게 땅 밑으로 빠져나간다. 이러한 자연 조건에서 물을 자연적으로 흘려보내는 것이 아닌 물길을 유지하는 등의 용도로 끌어다 쓸 상황이 온다면, 수원의 고갈이 가속될 수 있다.

두 번째는 최근 5년(2011~2015년)동안 강수량이 풍부하지 않았다

〈그림 8〉 외암마을 주변의 경작지에 물을 대는 시냇가의 양수기(송하진 사진)

는 점이다. 앞서 살펴본 주민의 인터뷰와 2015년 충청남도 지역의 제한 급수 시행 뉴스를 통해 이런 사실이 확인되고, 이 결과 이웃 시내와 마을 물길의 물이 말라 가는 현상이 나타났다(YTN 2015). 이에 따라 마을 물길에는 이전에 없던 생물종이 출현하는 등 앞서 본 외부 교란이 발생하고 있음을 알 수 있다.

세 번째는 주민들의 관심이 무뎌지고 관리 기관과의 연계가 원활하지 않는 점이다. 외암마을 주민들은 답사 동안 이루어졌던 인터뷰에서 마을을 에두르는 시내를 위한 여러 관리 노력에도 불구하고 동물단체의 반대 등에 막혀 실행되지 못하고 있다고 말했다. 하천 문제로 발생하는 갈등을 중재하는 주체가 없고 지방자치단체에서도 별다른 해법을 제시하지 못하고 있었다. 결과적으로 인간이 하천을 관리하려는 노력이 난항을 겪고 있고, 이 상태가 계속된다면 수로의 회복탄력성을 꾸준하게 유지시키지 못할 것이다.

네 번째는 외암마을의 농사가 주변 하천의 물을 끌어다 쓰면서 이루어지는데 시냇물이 마르게 되면 유지되기 어려운 점이다. 답사 때 우리는 외암마을 옆을 둘러가는 시냇물에 양수기를 연결하여 주변 논에 가꾸는 광경을 목격했다. 이 현실이 앞서 언급한 강수량 부족과 연결되면 회복탄력성에 위협을 주는 외부 자극이 중첩되어 생태계 파괴가 가속화될 것으로 보인다. 결국 이는 공유지의 비극 문제와 연결되어 마을 물길뿐만 아니라 논밭에도 물을 대기 어려운 상황으로 진행될 가능성이 있다.

4) 외암마을의 회복탄력성

물길의 회복탄력성은 외암마을의 존립에도 영향을 주고 있다. 외암마을 주민들은 전통마을을 매개로 한 관광업으로 새로운 수입원을 확보했다. 이런 변화와 함께 나타난 새로운 현상은 외암마을의 인구과 직업 구성이 달라진 점이다. 답사에서 몇몇 사람들은 외암마을에 오래 산 주민이 아니라서 인터뷰 질문에 제대로 답을 하지 못했다. 또한 토박이 주민과 문화해설사도 외지인의 유입이 많아지고 있다는 얘기를 했다.

이러한 사실이 중요한 까닭은 마을 물길과 밀접한 관계가 없는 다수의 사람들이 마을을 구성할 때 일어날 변화 때문이다. 농부가 아닌 주민이 늘어나면 농사를 기반으로 삶을 이어가던 전통마을이 아니라 그저 겉모습만 농촌 주거지역으로 유지될 가능성이 크다. 게다가 상하수도가 발달한 지금, 주민들에게 더 이상 물길이 중요하지 않아 방치될 것이다. 회복탄력성을 논하기 전에 물길이 아예 사라질 수도 있다.

외암마을은 본질적으로 농촌으로 그에 걸맞은 생활양식과 생태계를 보전할 가치가 있다고 여겨졌기 때문에 중요 민속자료로 지정된 것이다. 그러나 이 마을이 관광지가 되면서 농업과 주변 생태계에 대한 주민들의 관심이 줄어들었다. 물이 없이 마을과 농업을 유지하기 어려운데 지금까지 살펴본 바와 같은 변화로 농촌으로서의 외암마을 위상은 추락하여 회복하기 힘들 것이다.

4. 개선방안

생태적으로 조성된 인공수로는 주변 생태계와 밀접하게 연관되어 있고 성공적일 때 주변 환경의 회복탄력성에 도움을 준다. 자칫 반생태적 인공수로 사업으로 변질되면 오히려 악영향을 미친다. 그렇다면 지금 비생태적인 모습으로 바뀌고 있는 외암마을 물길을 개선하기 위한 참고사항을 찾을 수 있을까? 물길을 생태적으로 유지하여 외암마을 생태계의 회복탄력성에 긍정적으로 기여할 관리 방식은 뭘까?

앞서 설명한 회복탄력성을 확보하는 방법들을 바탕으로 한 개선방안을 몇 가지 찾아보자. 외부 요인으로 인해 교란이 일어났을 때 균형점을 찾아 돌아갈 수 있는 능력인 생태적 회복탄력성을 확보하는 방법으로 원상태로의 복구와 새로운 균형점에서의 기능을 유지하는 길을 고려해볼 수 있다.

첫째 '원상태로의 복구' 방법에 기초한 개선방안을 고려해보자. 이는 자연생태적인 위험성을 개선하기 위한 개선방안이기도 하다. 먼저 외암마을에서 근대 이후 설치된 시멘트 관 등의 현대적인 요소들을 제거하는 것이다. 자연 수로와 달리 시멘트 관으로 흐르는 물은 주변 토양과 상호작용하지 못한다. 이런 경우 만일 물이 불어날 때 지하로 침투되는 물의 양이 적어 홍수 위험에 노출된다. 또한 흙이나 흙에 서식하는 미생물과 미소동물, 이끼를 포함하는 식물에 의한 자정 작용 등을 기대할 수 없다. 원래의 흙도랑으로 복구한다면 이러한 긍정적인 효과를 기대해도 된다.

현재 마을 내부의 복개된 수로도 원상복구가 바람직하다. 공기와의 상호작용 또한 물길의 긍정적 영향을 확보하는 데 중요한 부분이기 때문이다. 이러한 외암마을 수로를 원상태로 복구하는 작업의 필요성은 수로를 폐쇄한 다음 환경이 악화되었던 화성의 사례에서 확인할 수 있다(전영옥과 이상문 2008). 이렇게 하자면 외암마을 내부에 차가 진입할 수 있을 만큼의 넓이를 확보하기 위해 진행했던 수로 복개사업의 대안도 필요하다.

둘째, 생태적 회복탄력성 확보를 위해 외암마을의 수로를 관리하는 인력과 기구가 필요하다. 이것은 인문사회적인 위험성을 개선하기 위한 방안이기도 하다. 주민들의 설명에 의하면 현재 가끔 마을을 찾는 봉사자들이 수로에 버려진 쓰레기 등을 줍는 정도의 활동은 있지만 물길을 관리하는 공식적인 조직은 없다. 효과적인 물길 관리를 위해 관리할 인력 확보와 체계적인 기구 마련이 절실하다.

관리를 위한 인력과 기구 구성에는 외암마을의 주민뿐만이 아니라 아산시와 문화재청이 함께 하는 거버넌스를 이루는 것이 바람직하다. 주민은 수로를 현장에서 관리하는 주체가 되고, 아산시와 문화재청은 협력하여 안정적인 재정 지원과 함께 연구와 행정을 통해 물길의 정체성을 확보하고 관리체계를 유지하도록 독려해야 한다.

이러한 관리 활동의 필요성은 원터마을과 화성의 사례에서도 확인할 수 있다. 웜터마을에서는 연못의 정화지로서의 기능을 유지하기 위해서 일정한 간격으로 연못 바닥의 퇴적물을 청소한다(한필원 2004). 화성에서는 수로 및 수체계를 전담하는 관리기구를 갖추고 있다(전영옥과 이상문 2008). 이런 사례를 참고하여 관리하면 외암마을의 물길 역시 거듭날 희망이 있다.

셋째, 관광객들을 대상으로 외암마을의 특징으로서 물길을 부각시켜야 한다. 물길을 매우 소략하게 소개하는 지금의 홈페이지와 팜플렛, 문화해설자료에서 생태적 문화적 가치를 강조하는 내용을 추가하고 비중을 늘리는 것이 좋다. 물길에 대한 관광객들의 문제의식을 고취시킨다면 쓰레기를 함부로 버리거나 물길을 무심하게 훼손하는 행동을 줄이는 데 도움이 될 것이다. 이러한 노력은 물길뿐만이 아니라 외암마을 전체적인 회복탄력성을 위한 개선방안이기도 하다.

5. 결론 및 의의

우리는 외암마을의 생태적 회복탄력성을 위해서는 마을 내부 물길을 ① 자연스럽고 생태적인 모습으로 복원하고, ② 적극적으로 관리할 기구를 마련하며, ③ 적극적인 홍보하는 접근을 제안했다. 이 사항을 실현하기 위해서는 물길의 중요성에 대한 주민들의 인식 변화가 먼저 이루어져야 한다. 그러기 위해 민속마을로서 매력적인 관광지가 될 만한 요소로서 다른 민속마을들과 차별성이 있는 물길의 잠재력을 강조하여 주민들의 인식을 전환하는 길을 찾아야 하겠다.

물이 흐르지 않는 농촌은 농촌이라 할 수 없다. 사람들이 살아가는 공간, 그리고 농촌이라는 점에서 물이란 요소는 그 무엇보다 중요한 생태 요소임이 분명하다. 이러한 점에서 '물'이라는 요소에 초점을 맞추고 물과 주변 환경과의 자연스러운 생태적 상호작용, 그리고 흐름에 초점을 맞추었다는 것이 우리 연구의 가장 큰 의의라고 본다.

21세기 현대에 사람이 손이 닿지 않는 하천과 수계란 있을 수 없다고 보아도 무방하다. 인간의 영향력이 점점 극대화되고 있는 오늘날, 인간과 자연과의 조화를 꾀하는 노력은 그 무엇보다 중요하다. 이러한 상황에서 과거 전통적으로 조성되었던 인공수로에 대한 연구를 토대로 수로의 긍정적 기능을 현대에 적용한다면, 이러한 시도는 자연생태계와 인공성의 접점을 찾아내는 결과로 이어질 수 있다는 점에서 고무적이다.

이상과 같이 우리는 회복탄력성 측면에서 외암마을 수로의 중요성을 밝히고 이를 잘 보전하기 위한 몇 가지 방법을 제시했다. 하지만 이에 더 나아가서 전통적인 외암마을 물길의 구조를 잘 밝히고 물길과 생태계의 상호작용 원리를 연구하여 이를 오늘날의 하천, 예를 들어 도림천에서 크게는 한강에 이르기까지의 서울의 수계에 적용한다면 수로와 주변 생태계에 도움이 되는 결과를 도출할 수 있을 것이다.

참고문헌

국가지하수정보센터. 2014. https://www.gims.go.kr/

신영호, 신영호, 채혜성, 이은석, 이다혜, 신필식, and 양세진. 2011. 외암마을 물길의 경관 생태학적 해석. 국토지리학회지. 45(3): 427-438.

에듀넷. 2014. 촌락에서 배우는 우리 조상들의 지혜. http://www.edunet.net/redu/contsvc/viewWkstCont.do?clss_id=CLSS0000017`518&contents_id=7e2bb38d1b094d10a17feb7fd219caeb&option=independent|layer|open|return&return_url=http%3A//www.edunet.net/redu/contsvc/listWkstContForm.do%3Fclss_id%3DCLSS0000000362%26menu_id%3D0042

이도원, 권선정, 이화, 김기덕, 박대윤, 최원석, 조인철, 옥한석, 이형윤, 박수진, 김혜정, 천인호, 시부야 시즈아키. 2016. 동아시아 풍수의 미래를 읽다. 지오북, 서울.

전영옥과 이상문. 2008. 전통도시 화성의 수로(水路)조영에 나타난 생태적 계획 원리 연구. 대한국토계획학회지. 43(5): 123-134.

조명래. 2005. 청계천 복원의 성과와 한계. 대한토목학회지. 53(11): 140-155.

한국지질자료연구원. 2014. http://www.kigam.re.kr/index.asp

한관우. 2014. 홍수예방 · 생태하천 복원 · 휴식공간…일석삼조 거두다. 홍주일보 http://www.hjn24.com/news/articleView.html?idxno=19014

한필원. 1996. 전통마을의 환경생태학적 해석-경북 김천시 구성면 상원리 원터마을을 대상으로. 대한건축학회. 12(7): 121-134.

한필원. 2004. 한국 전통 마을의 환경 친화성. 이도원 엮음. 한국의 전통생태학. 사이언스북스, 서울. 548-569쪽.

EBS. 2013. 하나뿐인 지구, 물이 인간을 만났을 때.

Gunderson, L.H. 2000. Ecological resilience in theory and application. Annual Review of Ecology & Systematics. 31: 425-439.

Lee, D. 2017. Geomantic practices of water acquisition and management during the Chosŏn Dynasty. pp. 115-138 In: H. Yoon. (ed.) P'ungsu: A Study of Geomancy in Korea, SUNY Press. Stony Brook, New York.

YTN. 2015. 충남 서부 8개 시 · 군 오늘부터 제한급수. http://www.ytn.co.kr/_ln/0105_201510081620362703

보은 임한리 소나무 마을숲의 건강성 연구

연구참여자: 박주환, 임현지, 이송윤, 박미진

1. 서론

1) 연구배경

마을숲은 마을 사람들의 생활권에서 마을 사람들과 밀접한 관계를 지닌 숲을 말한다. 흔히 마을 사람들에 의해 인위적으로 조성되었거나, 자연숲이라 하더라도 지속적으로 이용되거나 관리되어온 숲이라고 정의한다. 마을숲은 마을 형성과 그 시기를 함께 하여 역사를 같이 했으며 수목숭배적 문화현상이나 마을의 평안과 풍요를 기리는 제의의 장소로 사용되었다. 이러한 마을숲은 대체로 규모가 작기는 하지만 숲의 기본적 기능과 수자원 함양 및 정화, 휴양, 화합, 신앙 등을 포함하는 파생적 기능을 갖고 있다(박장홍 2007). 또한 마을숲은 역사·문화적 가치, 사회·경제적 가치, 생태적 가치를 가지고 있다. 흔하지는 않지만 곳에 따라 땔감과 임산물을 제공하는 경우도 있고, 사람들을 위한 생태계 서비스를 제공하며, 지금은 관광지의 역할도 한다(권덕규 2013).

이런 마을숲은 오랜 기간 건강하게 유지되어왔으나 갈수록 소유관계의 변화, 마을숲과 마을 사람들의 관계 변화, 공동체의 붕괴, 공유지 내 자산의 상품화를 자극하는 사회경제구조의 작동 등의 사유로 아예 훼손되거나 아예 사라지기도 했다(이도원 등 2007, 윤순진 2009). 따라서 마을숲이 없어지면 미래 세대가 누릴 마을숲의 기능과 가치들을 상실하고 말 것이므로 마을숲의 보존을 위해 실천할 수 있는 관리 방안을 찾는 것이 요구되고 있다.

2) 연구목적

마을숲이 지속가능하기 위해서 숲과 나무 자체의 건강이 선행되어야 한다. 하지만 그 동안의 마을숲 훼손에 대한 연구에서는 나무를 베거나 파내는 인위적인 행위에 주로 초점을 맞추었고, 수목의 건강성은 소홀이 다루었다.

따라서 우리 연구에서는 병해충에 초점을 맞추어 수목의 건강성을 연구하여 마을숲이 지속가능하기 위한 방안을 모색하고자 한다. 연구 대상지로는 충청남도 보은군의 임한리 소나무숲을 선택했다. 임한리 소나무숲은 대부분 소나무로 이루어진 단순림인 데다가 현재 소나무 병해충의 극심한 피해를 입고 있어서 마을숲 전체의 지속가능성이 우려된다는 점에서 연구목적에 적합한 곳이라고 보았다.

3) 연구방법

문헌조사와 전문가 자문, 관계자 인터뷰, 현장조사를 이용했다. 먼저 관련 문헌을 검토하여 현황을 어느 정도 파악하고, 병해충 전문가에게 소나무 병해충과 관련하여 자문을 구하였으며, 보은군청 산림녹지과의 관계자와 전화 인터뷰를 실시하였다. 현장조사는 2014년 11월 15일과 16일, 이틀에 걸쳐 실시하였다. 마을 사정을 가장 잘 알고 계신 이장님과 인터뷰를 진행하여 관리 실태를 알아보았으며, 마을숲의 전반적인 수목 활력도와 관리 상태를 파악하였다. 문헌과 자문 내용을 토대로 병해충이 있다고 판단되는 경우에는 샘플을 채취하여 17일에 서울대학교 식물병원의 진단을 받았다.

2. 사전조사

1) 임한리 소나무숲

지난 수십 년 동안 전국적으로 마을숲이 많이 사라지긴 했지만 충청북도에는 39곳이 남아 있다. 그중에서 가장 많이 남아있는 보은군에는 8곳이 잔존한다. 우리 선택한 보은군 탄부면 임한리의 마을숲은 약 13,950m^{2}의 규모로 마을 입구에 있다. 숲은 대부분 소나무가 차지하고 일부 갈참나무가 함께 자라는 곳이다.

임한리 소나무숲은 과거 조사에서 1차적으로 솔잎혹파리 피해와 설해를 입은 후 2차적으로 소나무좀도 발생한 것으로 확인되었다(우장명 2008). 1999년 7월 31일자 보은신문에서는 "탄부면 임한리 솔밭에도 솔잎이 마르는 등 솔잎혹파리 증세를 보이고 있다."는 기록이 있고, 속리산외 지역에도 솔잎혹파리 방제 사업이 확대되어야 할 것이라고 보도한 바 있다.

아직 마을숲의 소유권의 소재는 명확하지 않다. "보은대추축제 장소가 기존 탄부면 임한리에 일원에서 보은읍으로 이원화될 전망이다.

…(중략)… 현재 임한리 솔밭의 경우 개인 소유를 주장하는 유 모 씨와 마을 간에 소유권분쟁이 진행 중에 있으며 추후 분쟁 결과에 따라 임한리 솔밭 사용에 대한 임대료 문제가 불가피한 것으로 알려지고 있다."는 기사(보은신문 2010년 3월 11일)가 있다.

2) 보은군청 인터뷰

현장조사 이틀 전인 2014년 11월 13일에 보은군청 산림녹지과의 산림병해충 담당자와 전화 인터뷰를 진행하였다. 보은군청 직원은 임한리 소나무숲 개인 소유지이기 때문에 직접 관리는 하지 않지만 큰 피해가 발생할 경우에는 요청에 따라 방제 작업을 실시한다고 하였다. 하지만 그에 대한 방제 이력조차 작성하지 않고 있어서 관리가 미비한 상황임을 확인할 수 있었다.

3) 병해충 전문가 자문

병해충 전문가(서울대학교 산림과학부 소속 박일권 교수)에게 임한리 소나무숲의 건강성을 조사할 때 특별히 살펴야 할 대상에 대해 자문을 구했다. 첫 번째로는 전반적으로 수세가 약하거나 벌레가 많은 나뭇가지, 두 번째는 솔잎혹파리의 피해를 입은 가지를 채취하는 것이 좋다는 조언을 들었다. 이를테면 약한 수세는 병해충 피해 등으로 생육상태를 좋지 않은 상태를 보여준다. 솔잎혹파리의 피해를 입은 소나무는 새로 난 솔잎(신초)의 길이가 짧아 육안으로도 판단할 수 있고 현장조사를 가는 시기는 초겨울이므로 솔잎혹파리의 유충이 월동을 위해 땅으로 떨어지기 시작하므로 잎에 유충이 남아있지 않을 경우

땅을 파보면 찾을 수 있다.

3. 임한리 소나무숲의 건강성 평가

1) 현장조사

사전조사에서 우리는 임한리 소나무숲의 관리가 부족한 실태를 어느 정도 짐작할 수 있었다. 하지만 정확한 관리 실태와 피해 규모를 확인할 필요가 있었기에 이 부분에 초점을 두고 조사를 진행하였다.

멀리서 임한리 소나무 숲을 보면 오래된 소나무들이 풍치 있게 어우러져 있다. 하지만 현장에서 우리는 넘어진 고사목 10그루와 서있는 고사목 6그루가 방치되어 있는 것을 확인했다. 고사목 외에도 소나무를 베어내고 남은 1개의 그루터기를 발견했다. 이장님과의 인터뷰 결과 그루터기는 2004년 내린 폭설로 심하게 훼손되거나 죽은 나무를 베어냈던 흔적이라고 했다. 그 이후에는 나무를 베어낸 적이 없었기 때문에 현재 남아있는 고사목 16그루도 2004년 이후에 죽은 것이다.

우리는 방치되고 있는 고사목을 주목했다. 산림생태계에서는 고사목은 토양 침식을 방지하고, 야생동물에게 둥지나 동면 공간을 제공하여 중요한 역할을 한다. 그러나 임한리 소나무숲에서는 고사목이 상대적으로 야생동물들보다 오히려 병해충이 이용할 위험성이 높다. 소나무재선충은 일종의 기생충이기 때문에 다른 나무로 스스로 이동하는 것은 어렵고 솔수염하늘소와 북방수염하늘소를 매개충으로 이용한다. 이때 고사목은 하늘소들의 서식처가 되는 것으로 잘 알려져 있다. 그래서 산림청에서는 '소나무의 에이즈'라 불리는 소나무재선충

〈그림 1〉 고사목과 그루터기(박미진 사진)

병을 방지하기 위해 고사목 정리를 독려하고 있다. 더구나 이웃한 옥천군에서 발생한 소나무재선충병의 확산을 막기 위해 보은군이 노력하고 있는 상황을 고려하면 고사목을 제거하는 것이 바람직하지 않겠는가?

우리는 현장의 고사목들과 가지 끝이 말라 부러진 가지들을 목격하고 살아 있는 소나무들의 건강 상태도 좋지 않다는 사실을 감지했다. 굵은 가지가 부러지면 상처가 잘 아물지 않고 부후균이 침투할 위험이 높아지기 때문에 가지치기를 하고 상처도포제를 처리해야 한다. 고사목과 죽은 나뭇가지들이 그대로 너부러져 있는 모습은 소나무숲을 제대로 관리하지 않는 현실을 보여준다.

〈그림 2〉 부러진 채 방치된 가지와 말라죽은 가지들(박미진 사진)

〈그림 3〉 병해충 피해조사(송하윤 사진)

건강 상태를 확인하기 위해 고절기와 전정가위로 채취한 잎을 관찰해보니 일반적인 소나무잎보다 길이가 짧았다. 이것은 솔잎혹파리에 의한 피해를 입었을 때 나타나는 징후 중 하나다. 길이가 짧지 않은 잎에서 작은 벌레들도 발견되었다. 성충이 여름에 나타나는 생태를 고려할 때 솔잎혹파리일 가능성은 낮지만 우리가 현장에서 식별할 수는 없었다. 그래서 샘플을 채취하여 식물병원에 진단을 의뢰하였다.

2) 식물병원 진단

서울대학교 식물병원은 조경수와 농작물에 발생하는 각종 병해충과 생리장애 등을 진단하고 치료 방법을 개발할 목적으로 2005년에 설립된 기관이다. 시료가 손상되기 전 11월 17일에 식물병원을 방문하고 전문가와 함께 솔잎혹파리와 소나무 왕진딧물, 그을음병 세 가지의 병해충을 현미경을 관찰했다. 예상했던 대로 솔잎혹파리의 피해가 있고 앞서 현장에서 보았던 벌레는 소나무 왕진딧물이었다. 실험

〈그림 4〉 병해충 진단 과정(송하윤 사진)

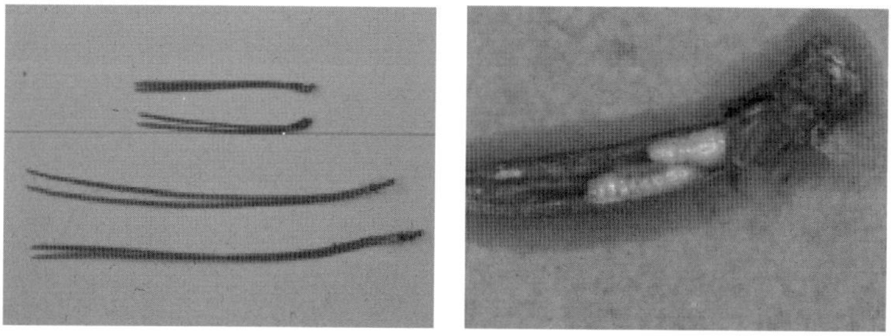

〈그림 5〉 솔잎혹파리 피해잎의 짧은 길이와 벌레혹(송하윤 사진)

실에서 추가적으로 그을음병인 사실을 확인했다.

(1) 솔잎혹파리

솔잎혹파리는 애벌레가 수액을 빨아먹는 흡즙형 해충이다. 성충이 새로 자라고 있는 솔잎 사이에 낳은 알에서 부화한 애벌레가 솔잎 아래 부분으로 내려가 벌레혹을 만들고 그 속에서 수액을 빨라먹으면 잎의 성장이 멈춘다. 애벌레는 대개 6월 하순부터 10월 하순까지 수액을 흡즙하고, 9월 하순부터 다음해 2월 사이에 주로 비가 올 때 떨어져 땅속에서 겨울을 난다. 우리가 답사를 갔던 11월은 아직 잎 속에 애벌레가 남아있는 시기였기 때문에 솔잎 밑 부분의 벌레혹을 잘라서 애벌레를 확인했다. 솔잎혹파리 피해를 입은 잎은 밑 부분이 불룩하고 길이가 짧은데, 이것은 애벌레가 만든 벌레혹이다. 이 현상이 3~5년간 지속되면 잎은 광합성을 제대로 하지 못하고 나무는 고사한다. 보은신문 1999년 7월 31일자 기사에 임한리 소나무숲이 솔잎혹파리 피해를 입고 있다는 내용이 나오는데, 그 기간을 볼 때 솔잎혹파리는 소나무를 고사하게 한 가장 큰 원인으로 보인다.

〈그림 6〉 소나무 왕진딧물(송하윤 사진)

(2) 소나무 왕진딧물

소나무 왕진딧물도 수액을 빨아 피해를 주는 흡즙형 해충이다. 피해가 심하면 새 가지의 생장이 저해되고 수세가 약해져서 가지가 고사한다. 날개 없는 태생으로 번식을 하지만 날개 있는 태생 진딧물도 출현한다. 주로 주변 소나무류에 분산 이주한다. 소나무 왕진딧물은 광선이 부족한 환경에서 많이 발생되므로 적절한 가지치기가 필요하다. 임한리 이장님과 인터뷰를 했을 때 2004년도에 설해 피해로 부러진 가지를 군청에서 가지치기해준 것을 제외하고는 그동안 가지치기를 한 적이 없다는데 이러한 관리 실태도 영향을 미쳤을 것으로 사료된다.

(3) 그을음병

그을음병은 곤충이 아니라 곰팡이에 의해 발생한다. 그을음병균의 균사와 각종 곰팡이 때문에 잎이나 가지의 표면이 검게 되면서 마치 그을린 것처럼 보이기에 붙여진 이름이다. 그을음병은 주로 깍지벌레와 진딧물 등이 많이 발생했던 나무에서 흔히 관찰되는데, 이것은 그을음병균의 대다수가 진딧물이나 깍지벌레의 끈적끈적한 분비물에서 번식하기 때문이다. 임한리 소나무숲의 경우도 소나무왕진딧물에 의한 2차 피해로 그을음병이 나타났을 가능성이 있다. 그을음병으로 나무가 고사하지는 않지만 검은 피막이 햇빛을 차단하여 광합성 작용을 저해하므로 나무가 쇠약해진다. 그을음병은 진딧물을 방제하면 동시에 해결된다.

(4) 방제방법

그렇다면 병해충을 해결할 수 있는 방법은 무엇일까? 각 병해충에 맞는 방제방법은 여러 가지가 있지만 이 세 가지를 동시에 해결하는 데는 수간주사를 이용한다. 수간주사는 줄기 밑 부분에 구멍을 뚫고 그 안에 살충제를 주입하는 방식이다. 이 방식을 사용하면 살충제가 물관을 타고 잎 끝까지 도달해서 잎을 흡즙하고 있는 유충을 죽인다. 솔잎혹파리와 소나무 왕진딧물 모두 흡즙형 해충이기 때문에 동시에 방제가 가능하다. 그을음병은 소나무 왕진딧물에 의한 2차 피해이므로 소나무 왕진딧물을 방제하면 자연스럽게 해결된다. 흡즙 시기를 고려했을 때 4월 하순부터 5월 하순경에 수간주사를 실시하는 것이 효과적이다. 이 외에도 소나무 왕진딧물의 경우 광선이 부족한 환경에서 많이 발생하므로 적절한 가지치기도 병행하면 효과적일 것이다.

3) 평가결과

현장조사와 식물병원 진단을 바탕으로 임한리 소나무숲의 건강성을 평가했다. 고사목과 그루터기로부터 지난 10년간 적어도 30그루의 소나무가 죽었다는 것을 확인했다. 설해로 14그루를 베어내었고, 16그루가 고사했다. 가장 큰 원인은 솔잎혹파리와 소나무 왕진딧물 등의 병해충인데 방제가 이루어지지 않는다면 장차 더 많은 나무들이 고사할 것이다. 결론적으로 임한리 소나무숲의 지속가능성은 기대하기 어려운 상황이다. 식물병원에서는 수간주사만 실시해도 세 가지 병해충을 한 번에 해결할 수 있다고 했다. 그런데 이 방법을 왜 임한리에서는 실시하지 않는 것일까? 고사목들은 왜 현지에 방치하는 것일까? 고사목이 병해충의 서식지가 된다는 사실을 모른다고 하더라도 미관을 위해서라도 치우는 것이 당연한 것이 아닐까? 이제 원인을 살펴보자.

4. 원인분석

사전조사와 현장 인터뷰를 통해, 소나무숲 관리가 부족했던 세 가지 원인을 확인했다. 소유권 분쟁으로 인한 관리 부족과 보은군청의 소극적 태도, 마을주민의 지식 부족이 그것이다.

1) 소유권 분쟁

2006년부터 2013년까지 임한리에서는 소나무숲의 소유권을 두고 심한 분쟁이 있었다. 분쟁의 내막은 다음과 같다. 조성된 이래로 마을의 공동 소유였던 임한리 마을숲은 일제강점기에 소유권을 한 사람 명의로 등록하지 않으면 빼앗길 위기에 처한다. 이 문제를 해결하기 위해 주민인 '유*식' 씨가 대표로 소유자로 등재했다. 이후 유*식 씨는 소유권을 대종의 '유*표' 씨와 소종의 '유*찬' 씨에게 넘겼다. 아

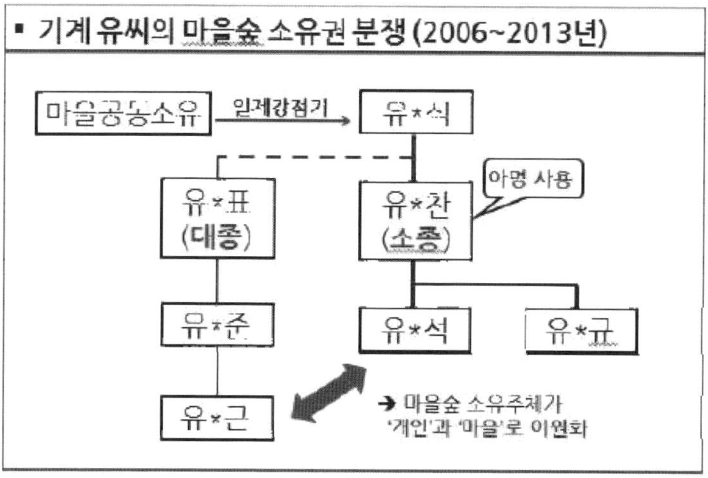

〈그림 7〉 임한리 소나무숲 소유권 분쟁(2006-2013)

들인 유*찬 씨에게만 소유권을 넘겨줄 수도 있었지만, 임한리는 집성촌이기에 마을숲을 기계 유씨 모두의 소유로 만들고자 대종과 소종에게 공동으로 소유권을 준 것이다. 그렇게 대종과 소종의 공동 소유로 마을숲이 잘 내려오다가, 3대째에 와서 분쟁이 생겼다. 바로 대종 측의 유*근 씨가 마을숲의 소유권이 모두 본인에게 있다며 소송을 제기한 것이다. 그 근거로 내세운 것은 바로 '유훈'이라는 아명이었는데, 과거 유*식 씨가 아들 유*찬 씨에게 물려줄 당시 문서에 아명인 '유훈'을 사용한 것이다. 유*근 씨는 유*찬 씨와 유훈이 동일 인물이라는 증거가 없다고 주장했다. 그러나 법원은 마을 사람들의 손을 들어줬다. 유훈 씨와 유*찬 씨가 동일인물이기에, 아명을 사용했어도 소유권이 인정된다는 판결을 내린 것이다.

분쟁은 이대로 종료되지 않았다. 마을 주민들이 마을숲을 공동 소유로 등록하고자 소송을 제기한 것이다. 명목상 개인 앞으로 등록되었지만 엄연히 마을 공동의 소유임을 주장하였다. 하지만 3심까지 재판을 진행한 결과 법원에서는 유*근 씨의 소유를 인정하였고 결국 주민들이 패소했다. 두 차례의 분쟁을 거쳐 마을숲은 마을 공동체와 개인소유자로 이원화된다.

첨예한 소유권 분쟁이 있었던 8년 동안 마을숲의 관리도 멈췄다. 원래 마을에서 주민 회의를 통해 소나무숲의 고사목 제거와 잡초제거 등 함께 관리하곤 했다. 그런데 분쟁 시기에는 이러한 관리 행위가 전혀 이루어지지 않았다. 마을에서 잡초를 제거하면, 개인소유자는 경찰을 불러 접근을 못하게 하는 등 민감하게 대처했다. 마을의 관리가 이루어지지 않자 보은군청 또한 수간주사 지원을 중단했다. 일찌기 비교적 규모도 크고 아름다운 소나무숲에서 있던 다양한 행사도 분쟁으로 모두 취소되고 사람들의 발길도 끊어졌다. 보은군청은 2007년과 2008년에 임한리 소나무숲에서 보은 대추축제를 진행했지만, 심한 소유권 분쟁으로 다른 장소로 행사지를 이전했다. 임한리의 해바라기 축제도 중단되었고, 심지어 개인적으로 사진촬영을 위해 오는 방문객들까지 소나무숲 출입을 금지했다. 소유권 분쟁이 마을숲에 대한 사람들의 접근과 관리를 차단한 원인이 되었다.

이제 분쟁이 끝난 것으로 보이지만 관리 상황은 나아지지 않고 있다. 사실 마을 측에서는 앞으로 소나무숲을 제대로 관리하기 위해 소나무숲을 보호수로 지정하는 방안을 고려했다. 하지만 법적인 개인소유자가 그것을 거부하고 있는 상황이다.

산림보호법에 의하면(국가법령센터 2015), 노목, 거목 등 특별히 보호할 필요가 있는 나무를 보호수로 지정하고 이를 안전하게 관리해야 한다. 실제로 2009년 5월 21일자 쿠키뉴스 기사에 따르면 임한리 근처에 있는 보은읍 금굴리 은사뜰 소나무숲은 2009년 보호수로 지정

〈그림 8〉 금굴리 은사뜰 소나무숲(송하윤 사진)

되어 체계적으로 관리되고 있다. 금굴리 은사뜰 소나무 숲은 수령이 200~300년으로 추정되는 소나무 87그루와 왕버들 5그루가 마치 한 폭의 동양화처럼 아름답다. 그런데 이 소나무들 중 일부는 개인 소유 농지로 그동안 관리가 이뤄지지 않아 가지가 부러지고 고사목이 생겨나는 등 원형 보전이 어려웠다고 한다. 일례로 2004년 3월에는 임한리와 마찬가지로 폭설로 소나무숲이 훼손되어 관리에 어려움이 있었다. 따라서 군청은 이 숲의 모든 나무를 보호수로 지정 고시한 다음 병해충를 방제하고 고사목을 제거했다. 또한 수목 보호를 위해 소나무가 자라고 있는 토지와 수목 주변 토지를 매입해 각종 편의시설 등을 설치하는 등 능동적으로 은사뜰 소나무숲을 관리하고 있다.

보호수로 지정된 금굴리 은사뜰숲과 임한리 소나무숲은 여러 가지

측면에서 비슷한 점이 많다. 수령 200~300년의 소나무들로 이루어진 숲이며, 보은을 대표하는 아름다운 경관이고, 개인 소유로 그동안 관리가 많이 미흡했다. 임한리 소나무숲도 금굴리 은사뜰숲처럼 보호수로 지정될 가치가 있는 숲이다. 보은군과 소유자가 동의만 한다면 문제가 해결된다. 임한리 주민과 보은군은 동의했지만 아직 개인 소유자가 허락하지 않은 상황이다. 소나무들을 보호수로 지정하면 마음대로 소나무를 팔지 못하는 등 자신의 소유권이 위축될 것으로 보기 때문이다. 소유권 분쟁은 끝난 셈이지만 서로에 대한 앙금과 경제적인 이유 등으로 소나무숲의 지속가능성을 위협하고 있다.

2) 보은군청의 소극적 태도

보은군청에서는 임한리 소나무숲이 군청 소유가 아닌 마을 소유라는 점을 들며 관리에 매우 소극적인 태도를 보였다. 보은군청이 임한리 소나무숲 관리에 지원한 경우도 있다. 첫째, 큰 피해가 있을 때이다. 2004년 폭설로 소나무가 많이 부러지는 등 피해가 극심하자 군에서 자발적으로 전문가를 보내 가지치기 등의 관리를 해주었다. 둘째, 임한리 마을에서 여러 번 강력하게 부탁을 할 때이다. 매년 마을 이장님이 수간주사를 부탁하면 지원하기도 한다. 실제로 작년에도 부탁했는데 계속 거절하다 소나무 피해가 심해져서야 도와주었다. 즉 보은군청에서는 개인소유지라는 이유로 보은군을 대표하는 관광지임에도 적극적으로 관리를 하지 않는 상황이다.

3) 마을주민의 지식 부족

분쟁이 있기 전에도 임한리 소나무숲은 주민들에 의해 오랫동안 제대로 관리되지 못했다. 마을 주민들은 항상 군청에게 지원을 부탁하고 기다리는 입장이었다. 마을 주민 차원에서 할 수 있는 잡초제거 이외에 전문가가 필요한 수간주사나 가지치기 등의 관리도 하지 않았다고 한다. 소나무숲 보존을 위한 마을 차원의 전통적인 관리법 또한 부재했다. 소나무숲 관련 마을 장부는 있었으나, 예산 관리 차원의 장부였고 특별한 관리 체계를 갖추지 못했다. 1997년도 큰 수해가 있은 다음에는 나무를 새로 심을 때 잣나무를 심기도 했고, 소나무숲에 대한 인식이 부족했다. 하지만 군청에게 매년 강력하게 지원을 부탁하고, 수해 이후 나무를 새로 심는 등의 모습에서 소나무숲을 잘 가꾸고 싶어 하는 마을 주민의 의지는 확인된다. 그렇다면, 의지가 있는 주민들이 마을숲을 제대로 관리하지 못해온 이유는 무엇일까? 아마도 마을 주민들이 소나무 관리에 대한 지식이 부족하기 때문이 아닐까? 예를 들면 수간주사를 실시해야 하는 시기와 방치하는 고사목이 낳을 문제를 제대로 인식하지 못하는 듯하다.

5. 해결방안

앞에서 임한리 소나무숲의 건강에 악영향을 미치는 관리부족 문제의 원인을 소유권 문제와 보은군청의 소극적 태도, 마을 주민의 지식 부족이라는 세 가지로 소개했다. 이 가운데 8년간의 분쟁 기간을 거쳐 법적 판결이 난 소유권에 대해서는 외부자가 다루기는 어려운 사안이다. 금굴리의 사례처럼 임한리도 보호수 지정으로 소나무숲 관리 문제를 해결하는 길이 있다. 하지만 소유권 분쟁을 마친 지 얼마 되지 않은 지금 개인소유자가 자신의 소유권이 위축될 수도 있는 보호수 지정에 동의할지는 회의적이다. 따라서 여기서 나머지 두 가지 문제를 해결하는 방안을 살펴보려고 한다.

1) 보은군청의 지원

보은군청은 임한리 소나무숲가 피해를 입고 마을 주민의 강력한 요구가 있었을 때만 지원하는 모습을 보였다. 이제 소나무숲의 원만한 관리를 위해 보은군청은 소극적인 태도에서 벗어나 솔잎혹파리와 소나무 왕진딧물, 그을음병으로 쇠약해진 숲의 회복에 도움이 되는 전문가를 알선하는 것이 바람직하다. 병해충 방제와 가지치기에 필요한 예산 지원도 시급하다.

나아가 장기적인 지원 방안이 필요하다. 이와 관련된 사례로 마을숲 보존을 위한 충청남도의 '아름다운 100대 소나무 숲가꾸기' 프로젝트가 있다. 이 사업은 2008년부터 100개의 소나무숲을 대상으로 보존 사업을 실시하여 생태적 안정화와 유용하층 식생 발달, 야생동물 서식지 보호, 더 크게는 생물다양성 증진이라는 목표를 가지고 진행했다. 나무가꾸기와 병해충 방제, 토양개량, 피해목시술, 소나무재선충병 약제주사 투여 등이 주요 사업 내용이다. 이렇게 가꾼 소나무숲은 문화재 복원용 목재 공급원이 되고, 명품가로숲 조성 및 편익시설 설치 사업과 같은 경제적 이익과 주민의 편의도 제공한다. 정부의 단순한 재정 지원뿐만 아니라 공무원과 학계, 시민단체, 공무원을 포함하는 여러 주체들이 동참했다. 또한 사업에서는 다양한 소나무숲 임지별로 특성에 맞는 생육 환경을 개선하고 지역의 경관적 가치를 살리는 길도 모색했다. 2014년 현재, 예전보다 확대되어 순조로운 숲가꾸기 사업 효과도 보이고 있다. 국립산림과학원의 산림 공익평가에 따르면 충청남도 산림의 공익적 가치는 연간 7조원 이상으로 1인당 366만 원가량의 산림복지 혜택을 받고 있다. 이는 우리나라 전국 평균 산림복지 혜택인 216만 원보다 150만 원가량 높은 수치이다.

충청남도는 이러한 긍정적인 결과를 각종 산림보전 정책과 산림경관 및 치유 등 사회적 수요 증대에 적극적으로 부응한 결과로 파악해 올해도 301억 원을 투입해 산림복지 혜택을 더욱 늘린다는 방침이다. 충청북도 역시 충청남도 못지않은 많은 아름답고 특색 있는 마을숲을 가지고 있다. 충청남도의 사례처럼 체계적인 계획을 수립하고 예산과 전문적 인력을 지원해 마을 주민들의 산림복지 혜택을 증진시킬 필요가 있다.

2) 마을주민 교육

마을숲을 가장 많이 이용하고 있는 주민들의 적극적인 숲 관리가 필요하다. 현재는 전통사회에서 마을숲을 관리하던 목적과 구체적인 방법이 대부분 전승되지 않고 있다. 우리는 마을숲에 대한 인터뷰에서 특별히 관리되어야 한다는 생각을 가진 주민을 찾지 못했다. 대부분의 주민들은 어려서부터 항상 그곳에 있어온 마을숲에서 무더울 때 찾아가서 쉬고 오는 일상적인 공간으로 생각한다. 따라서 주민들이 마을숲의 역사와 생태적 가치를 이해하도록 돕는 과정이 있어야겠다.

아울러 주민들에게는 소나무 자체와 병해충에 대해 이해를 돕는 기회를 제공해야 한다. 우리도 문헌조사를 통해 알게 된 솔잎혹파리 피해를 입은 잎의 길이가 짧아진다는 정보를 바탕으로 현장에서 피해

여부를 간단히 판단한 다음 식물병원을 방문하여 좀더 구체적인 사실을 배웠다. 마찬가지로 마을주민들 또한 기본적인 지식만 갖추어도 짧은 잎과 시든 잎 또는 잎의 벌레 등을 통해 건강성에 이상이 있다는 것을 충분히 파악하여 이에 대응할 수 있을 것이다. 여기에서 더 나아가 마을숲 관리를 위한 전문가를 육성하는 장기적인 해결 방안도 고려해야 하겠다. 교육을 통해 마을 주민들의 마을숲에 대한 전문적인 지식이 향상되면 스스로 관리하는 능력도 그만큼 발전할 것이다. 나아가 그 지식을 바탕으로 행정기관에 구체적인 지원 내용과 시기와 규모를 제시할 수 있을 것이다.

6. 결론

지금까지 마을주민에게는 생활 공간이자, 외부인에게는 미적 경관을 제공하는 보은군 임한리 마을숲의 쇠퇴 현상을 검토했다. 현장답사로 병해충 피해와 소나무를 확인하고 주민들과 인터뷰를 하여 문제점을 파악했다. 숲 관리가 제대로 되지 않는 3가지 원인은 마을 주민들과 개인 사이의 소유권 분쟁과 보은군청의 소극적 태도, 마을주민의 지식 부족과 관련이 있었다.

소유권 분쟁과 관련하여서는 긴 소송 기간이 끝난 지 얼마 되지 않은 상황이라 외부인의 입장에서 해결 방안을 제시하기가 어려웠다. 다른 두 원인에 대해서는 먼저 보은군청의 보다 적극적인 예산 지원과 전문가 주선 등을 고려해보았다. 또한 마을주민의 지식 부족 현상을 개선하기 위해서는 마을숲에 대한 인식 제고부터 시작해서 소나무 및 병해충에 대한 기본적인 교육 제공, 마을숲 관리를 위한 전문가 양성까지 단계적 교육 과정을 제안했다.

건강한 임한리 마을숲이라는 목표를 달성하기 위해서는 다양한 대안을 보은군청과 마을주민의 긴밀한 협력으로 진행하는 것이 바람직하다. 보은군청은 임한리 마을숲을 위하여 충청남도의 100대 소나무 숲가꾸기 사업과 같은 장기적인 계획 수립을 적용할 필요가 있다. 이때 마을주민들이 마을숲에 대한 기본적인 교육을 받고, 장기적인 계획 수립과 이행에 주체적으로 참여하도록 지도해야 한다. 마을 주민들은 마을숲의 이용 주체로서, 보은군청은 산림복지혜택 증진을 통한 주민 복지 향상을 위하여, 건강한 임한리 마을숲을 위해 각자의 역할과 긴밀한 협력의 길을 찾아야 하겠다.

참고문헌

국가법령센터. 2015. 산림보호법. http://www.law.go.kr/lsSc.do?menuId=0&p1=&subMenu=1&nwYn=1&query=%EC%82%B0%EB%A6%BC%EB%B3%B4%ED%98%B8%EB%B2%95&x=0&y=0#liBgcolor0

권덕규. 2013. 마을숲의 지속가능성과 그에 영향하는 요인: 남원의 마을숲을 대상으로. 서울대학교. 석사학위논문.

나용준, 우건석, 이경준. 2009. 조경수 병해충 도감. 서울대학교출판문화원.

박진수. 2010. 대추축제, 임한리와 보은읍 분리개최 검토. 보은신문. http://www.boeuni.com/news/articleView.html?idxno=26817

송진선. 1999. 솔잎혹파리 방제미흡. 보은신문. http://www.boeuni.com/news/quickViewArticleView. html?idxno=3694

우장명과 반기민. 2008. 충북지역 마을숲 관리실태와 활용방안. 충북개발연구원. 13: 1-380

윤순진과 차준희. 2009. 공유지 비극론의 재이해를 토대로 한 마을숲의 지속가능한 관리-강릉 송림리 마을숲 사례에 대한 검토를 중심으로. 농촌사회. 19:125-166.

이종구. 2009. 보은 은사뜰 소나무숲 보호수 지정관리. 쿠키뉴스 http://news.kukinews.com/article/view.asp?page=1&gCode=soc&arcid=0921295793&cp=nv

충청남도. 2015. http://www.chungnam.net

아산재단연구총서

001 전환기의 중국경제
김윤환 외 | 단국대 경제학과

002 폴란드 경제의 변천 개혁과 그 전망
김광수 | 숭실대 경제학과

003 재소한인
이광규 외 | 서울대 인류학과

004 소련산림과 임업
홍성천 외 | 경북대 임학과

005 아세안의 정치경제
김국진 외 | 외교안보연구원

006 태국의 사회변동과 경제발전
최석만 외 | 전남대 사회학과

007 중국의 사회경제 통계분석
신한풍 외 | 고려대 통계학과

008 중국의 정치와 경제
박두복 외 | 외교안보연구원

009 동유럽의 개혁과 시장경제의 도입
허만 외 | 부산대 사범대학

010 동유럽의 개혁운동
박영신 | 연세대 사회학과

011 현대 러시아 연구
기연수 외 | 한국외대 노어과

012 전략적 선택과 기업의 국제경쟁력
이장호 | 서강대 경영대학

013 협동사회의 정착과 정부의 역할
이종범 외 | 고려대 행정학과

014 한국 제조기업 생산성의 동적 분석
노부호 외 | 중앙대 경영대학

015 분배의 정의
변형윤 외 | 서울대 경제학과

016 도덕적 행동의 강화
이훈구 외 | 연세대 심리학과

017 관료부패와 통제
김해동 외 | 서울대 행정대학원

018 한국경제의 내실 있는 성장
정창영 외 | 연세대 경제학과

019 한국국민정신운동의 역사와 발전방향
박수명 외 | 부산대 사범대학

020 한국대학생의 가치성향과 상담효과
이영희 외 | 숙명여대 교육학과

021 가출청소년과 학교관리체제
안창규 외 | 부산대 교육학과

022 동북아 정세변화와 한 · 일관계
한승조 외 | 고려대 정치외교학과

023 언론과 부정부패
정대철 외 | 한양대 신문방송학과

024 한국의 고등학교 교육
이원호 외 | 부산대 교육학과

025 가족과 방송
김학수 외 | 서강대 신문방송학과

026 재정개혁의 전망과 재산세제의 개편과제
오연천 | 서울대 행정대학원

027 청소년을 위한 전자게임 프로그램의 규제 및 평가체계 개발
박혜원 외 | 울산대 가정관리학과

028 정신장애자 가족의 사회심리적 특성
이근후 외 | 이화여대 의과대학

029 가족의 관계역동성과 문제인식
이광규 외 | 서울대 인류학과

030 현대인과 한국전통음식
승정자 | 숙명여대 식품영양학과

031 기업의 초고속정보통신망활용
안중호 | 서울대 경영학과

032 지역발전을 위한 교육자치제의 개선방안
김남순 | 조선대 사범대학

033 전환기의 공무원 가치관
조경호 | 울산대 행정학과

034 지방자치와 사회복지의 과제
김영모 | 중앙대 사회복지학과

035 WTO체제하의 지방중소기업 지원정책
최명주 외 | 계명대 통상학부

036 현대한국의 시민운동
이효선 | 중앙대 사회학과

037 기업 세계화의 단계 및 정도의 측정
허영도 외 | 울산대 경영학과

038 가족복지를 위한 가족주치의 시범사업의 효과
이혜리 외 | 연세대 가정의학교실

039 한국대학생의 삶의 만족도
김재은 외 | 이화여대 교육심리학과

040 지역경제와 지역산업구조의 개편방향
정기화 외 | 전남대 경제학부

041 중국기업의 소유형태별 경영특성
노철화 외 | 부산대 무역학과

042 남북한의 인성 · 사상교육
한승조 외 | 고려대 정치외교학과

043 연계적 뇌기능 조언을 위한 의료용 멀티미디어 시스템의 설계
유선국 | 연세대 의용공학교실

044 다민족국가의 민족문제와 한인사회
최협 외 | 전남대 인류학과

045 저소득층지역 청소년 여가문화와 소집단 활성화
박문수 외 | 서강대 사회학과

046 삶의 질의 국제비교와 지역간 비교분석
이재기 외 | 울산대 경제학과

047 21세기 지역주민의 삶의 질
양종회 외 | 성균관대 사회학과

048 삶의 질에 대한 국가간 비교
조명한 외 | 서울대 심리학과

049 외국인 노동자의 노사관계와 사회적 적응
석현호 외 | 성균관대 사회학과

050 한국의 사법제도와 발전 모델
정종섭 | 건국대 법학과

051 고령화사회와 중상층 노인의 사회활동
조성남 외 | 이화여대 사회학과

052 한국의 서비스 시장 개방정책
한홍렬 | 한양대 경제학부

053 한국과 AFTA간의 교역증진 및 경제 협력방안
손일태 외 | 경희대 경제통상학부

054 물류비 절감을 위한 무역업체의 정보화전략
이영수 외 | 경북대 경제통상학부

055 사회주의 체제전환과 사회정책
오정수 외 | 충남대 사회복지학과

056 남북통일 이후 농업생산체계 개편
홍성규 외 | 건국대 농업경제학과

057 국제화와 세계화
하영선 외 | 서울대 외교학과

058 IMF 개혁정책의 평가와 한국경제의 신(新) 패러다임
조동근 | 명지대 경제학과

059 구조개혁과 실업대책
박동운 | 단국대 경제무역학부

060 21세기 신노사관계
심윤종 외 | 성균관대 사회학과

061 학교에서의 집단 따돌림
이춘재 외 | 가톨릭대 심리학과

062 한국노인의 정신건강실태와 건강증진
조맹제 외 | 서울대 의과대학

063 혁명과 개혁 속의 중국 농민
김광억 | 서울대 인류학과

064 중국의 경제환경과 한국기업의 진출 전략
지용희 외 | 서강대 경영학과

065 김대중 대통령의 시스템 사고
김동환 | 중앙대 공공정책학부

066 실업과 가족해체
최일섭 외 | 서울대 사회복지학과

067 합리적 부채비율 조정방안
오상근 | 동아대 경제학과

068 한국 중산층의 생활문화
문숙재 외 | 이화여대 소비자 · 인간발달학과

069 계층간 갈등상태에서 최적소득세
김진욱 | 건국대 경상학부

070 글로벌 경쟁력 제고를 위한 기업전략과 조직구축
이만우 외 | 고려대 경영학과

071 의료보험과 국민연금의 관리효율화를 위한 통합방안
사공진 외 | 한양대 경제학부

072 정부개혁의 과제와 전략
박우서 외 | 연세대 행정학과

073 책임운영기관 제도에 관한 비교분석
김근세 | 가톨릭대 행정학과

074 새로운 패러다임하에서의 한국기업의 바람직한 지배구조
최운열 외 | 서강대 경영학과

075 현대 한국사회의 계층구조
양춘 외 | 고려대 사회학과

076 한국의 산업정책과 산업구조조정
강인수 | 숙명여대 경제학부

077 기업구조조정
김석진 | 경북대 경영학부

078 지식경영을 위한 인적자원 개발 및 관리체계
장영철 | 경희대 경영학부

079 뉴 비즈니스 모델
전성현 | 국민대 정보관리학부

080 중산층의 정체성과 소비문화
함인희 외 | 이화여대 사회학과

081 외국관광객 유치를 위한 마케팅 전략
박상규 | 강원대 경영학과

082 한국인의 세대별 문학의식
이동순 | 영남대 국문과

083 공공부문의 효율성 평가와 측정
김재홍 외 | 울산대 사회과학부

084 한국 청소년의 정치의식과 형성요인
김광웅 외 | 숙명여대 아동복지학과

085 한국 대학생의 정치의식
배한동 | 경북대 윤리교육과

086 산업의 정보화와 산업발전
이기동 | 계명대 통상학부

087 한국 제조업의 고용조정 분석
이종원 외 | 성균관대 경제학부

088 지식자산에 대한 경영전략적 평가모형 개발
배재학 외 | 울산대 컴퓨터 · 정보통신공학부

089 관광사업을 위한 한국적 이미지의 휴식복 개발
채금석 | 숙명여대 의류학과

090 한국 정치제도의 개혁
신정현 | 경희대 사회과학부

091 e비즈니스와 아웃소싱 전략
정승화 외 | 연세대 경영학과

092 집단 따돌림의 진단 및 치료방안
홍준표 | 중앙대 인간생활환경학과

093 16대 총선과 낙선운동
조기숙 | 이화여대 국제대학원

094 부동층 유권자 행태 분석
진영재 | 연세대 정치외교학과

095 사이버 공동체의 성공요인
이재관 | 숭실대 경영학부

096 온라인 소비자 행동의 이론과 실증
윤성준 | 경기대 경영학부

097 글로벌 시대 정약용 세계관의 가능성과 한계
차성환 | 한일장신대 역사사회학과

098 러시아의 체제전환 과정에서 나타난 국가의 역할과 그 전망
이상민 외 | 부산대 정치외교학과

099 남북한의 경제발전 수준과 산업구조 비교, 그리고 경제교류 협력방향
주성환 | 건국대 경제학과

100 집단따돌림과 교육해체
한준상 | 연세대 교육학과

101 공적연금제도의 효율성과 개선방안
유금록 | 군산대 행정복지학부

102 벤처기업-대기업의 성공적인 협력 모델
나중덕 | 경산대 경영학과

103 북한의 재외동포정책
조정남 외 | 고려대 정치외교학과

104 사이버 공동체 형성의 역동적 모형
장용호 | 서강대 신문방송학과

105 기업이론과 기업의 소유지배구조
김일태 외 | 전남대 경제학부

106 가축분뇨 자원화를 위한 공동이용 조직에 대한 농가선호도 분석
유덕기 | 동국대 생명자원경제학과

107 개혁정책과 전문가 집단
이경원 외 | 제주대 행정학과

108 현대 한국사회의 이중가치체계
신수진 외 | 이화여대 가정관리학과

109 한국의 산업구조 변화와 기업집단 다각화 전략
김용학 외 | 연세대 사회학과

110 지식정보사회의 경제적 모형 설정 및 사례 연구
김범환 | 배제대 경영정보학부

111 변호사징계제도
오종근 | 한림대 법학부

112 인터넷 특허법
김순석 | 광주대 법학과

113 e-비즈니스 시대의 금융 및 재정정책의 새로운 패러다임
이종욱 | 서울여대 경제학과

114 청소년의 하위문화와 정체성
조성남 | 이화여대 사회학과

115 디지털금융시대의 금융구조변화와 정부규제 및 정책
이충열 | 고려대 경제학부

116 지식경영을 위한 기업의 조직설계방안
김경수 외 | 전남대 경영학과

117 전자금융의 발달과 경제정책의 새로운 패러다임
이명훈 | 명지대 경제학과

118 동아시아의 안보와 유엔체제
강성학 편저 | 고려대 정치외교학과

119 유료 치매노인 그룹홈의 개발과 관련 정책
최정신 외 | 가톨릭대 소비자 · 주거학과

120 소비자 지향적 문화산업 정책
홍영준 | 호남대 광고홍보학과

121 국제 · 국가 · 지방 환경규제의 연계
정준금 외 | 울산대 행정학과

122 현행 회사 합병 · 분할제도의 평가와 개선방안
옥무석 외 | 이화여대 법학과

123 배려지향적 도덕성과 정의지향적 도덕성
정옥분 외 | 고려대 사범대학

124 기업구조조정에 대한 채권금융기관 및 금융감독기관의 역할과 책임
이중기 | 한림대 법학과

125 실업대책으로서 한국의 법정기준근로 시간 단축
박영범 | 한성대 경제학과

126 프랑스어의 비분리성 소유개념 표현
노윤채 | 연세대 언어정보연구원

127 지방채의 효율적 관리방안
강태구 | 호원대 법행정학부

128 21세기 산업구조 변화와 과학기술정책
임채성 외 | 그리스도신학대 경영정보학부

129 인터넷 쇼핑몰 이용자의 불평행동
예종석 | 한양대 경영학부

130 한국기업의 성과급제도 현황, 효과 및 개선방안
김성수 | 서울대 경영학과

131 전자상거래와 소비자보호
서민교 외 | 경일대 인터넷국제통상학과

132 평생학습 사회에서의 인적자원개발을 위한 사회적 파트너십 구축
김영화 | 홍익대 교육학과

133 한국 공교육의 새로운 구상과 전략
권대봉 외 | 고려대 교육학과

134 한국의 정부개혁
김태룡 | 상지대 행정학과

135 지방정부 생산성 측정의 이론과 실제
이은국 외 | 연세대 행정학과

136 불가 시문학론
배규범 | 경희대 학술연구 교수

137 남북경제교류의 법적 문제
제성호 | 중앙대 법학과

138 경제위기와 청소년 발달
구인회 | 서울대 사회복지학과

139 생명과학기술의 응용과 기본권보호적 한계
정상기 외 | 한남대 법학과

140 경제발전과 정치환경의 한 · 일 비교분석
정갑영 외 | 연세대 동서문제연구원

141 한국 공교육의 진단
윤정일 외 | 서울대 교육학과

142 우리나라 지방자치 발전을 위한 자치단체장의 역할
정성호 외 | 경기대 사회과학부

143 의료보험제도의 개혁방안
권순원 | 덕성여대 경제학과

144 중등 도덕교육의 현실과 문제
손동현 외 | 성균관대 철학과

145 사이버공동체 발전론
이명식 | 상명대 경영학과

146 남북경협 확대에 대비한 북한 담보제도의 정비방안
박훤일 | 경희대 법과대학

147 한국 공무원 인사제도 개혁
김판석 | 연세대 행정학과

148 교사화법 교육
임칠성 외 | 전남대 국어교육과

149 세계화의 문화정치학
임혁백 외 | 고려대 정치외교학과

150 효과적인 e-SCM을 위한 의사결정조정 시스템 모형
이원준 | 성균관대 경영학부

151 환경거버넌스
김종순 외 | 건국대 행정학과

152 자동차산업의 인적자원관리
이덕로 | 서원대 경영학부

153 한국과 영국 간 지식기반산업 비교
이명호 | 한국외대 경영학과

154 한국 벤처기업의 기술네트워킹 및 기술마케팅 전략
장영일 | 인제대 경영학부

155 회사변호사의 윤리
오승종 | 성균관대 법과대학

156 미디어교육론
이정춘 | 중앙대 신문방송학과

157 조선시대 서원과 양반
윤희면 | 전남대 역사교육과

158 환경문제와 철학
박찬국 | 서울대 철학과

159 노인보건복지 이론과 실제
김명 외 | 이화여대 보건교육학과

160 북한의 법체계
권재열 외 | 숭실대 법학과

161 생명공학기술의 안전성 확보에 관한 법적 고찰
이재협 | 경희대 법학부

162 청소년복지학
김성이 외 | 이화여대 사회복지학과

163 변화하는 세계, 변화하는 복지국가
조영훈 | 동의대 사회복지학과

164 의리의 윤리와 한국의 유교문화
김낙진 | 진주교대 도덕교육과

165 미국의 통상정책과 통상법
윤충원 | 전북대 무역학과

166 사회복지 프로그램 평가
김학주 | 경상대 사회복지학과

167 환경주의와 지속가능한 발전
정대연 | 제주대 사회학과

168 무역과 환경
김기흥 외 | 경기대 경제학부

169 산업계 유해폐기물의 위험과 관리
김금수 | 호서대 경상학부

170 백범 김구의 지적 계발과정 탐색
문용린 | 서울대 교육학과

171 태평양전쟁 발발 이후 일제의 인적지배와 그리스도교계의 대응
윤선자 | 전남대 사학과

172 거버넌스 상황에서 갈등관리를 위한 대체적 분쟁해결제도
서순복 | 광주대 법정학부

173 시장경제의 유형과 민주주의
최배근 | 건국대 경상학부

174 일본고전소설 총론
김현정 | 국립한국전통문화학교

175 국어 교육을 위한 국어 문법론
이관규 | 홍익대 국어교육과

176 율곡의 군주론
전세영 | 부산교대 윤리교육과

177 동북아시아 환경협력
정서용 | 명지대 법학과

178 기후변화협약과 기후정책
신의순 외 | 연세대 경제학과

179 인터넷과 국제 학술정보 네트워크-하이퍼링크 분석
박한우 | 영남대 언론정보학과

180 국내 기업복지의 활성화 방안
최수찬 | 연세대 사회복지대학원

181 세계화와 인간안보
김우상 외 | 연세대 정치외교학과

182 세계문화유산 종묘 이야기
지두환 | 국민대 국사학과

183 한국 평생교육의 사회철학적 과제
곽삼근 | 이화여대 교육학과

184 강점모델
정순둘 | 이화여대 사회복지학과

185 글로벌시대의 계약법
박영복 | 한국외대 법과대학

186 배심제와 시민의 사법참여
안경환 | 서울대 법학과

187 동북아공동체
김재한 | 한림대 정치외교학과

188 정치 참여와 탈물질주의
김욱 | 배재대 정치외교학과

189 퍼지전문가회로망을 이용한 금융기관의 사이버 기업여신결정 지원시스템의 개발
권혁대 | 목원대 경영학과

190 환경정책과 환경법
송인성 | 전남대 지역개발학과

191 포스트모던 시대의 평생교육학
한숭희 | 서울대 교육학과

192 현대 한국인의 세대경험과 문화
박길성 외 | 고려대 사회학과

193 서구의 근로연계복지
김종일 | 건국대 사회복지학과

194 사회복지운동론
현외성 | 경남대 사회복지학과

195 외국의 역모기지 사례
유선종 | 건국대 부동산학과

196 옛이야기와 어린이문학
이지호 | 진주교대 국어교육학과

197 노인사회복지관광의 정책과제와 방안
김창수 | 경기대 관광학부

198 복지서비스의 민간위탁 시스템 분석
김순양 | 영남대 행정학부

199 새로운 빈곤층의 대두와 정부의 정책과제
김진욱 | 건국대 경제학과

200 문화행정론
김정수 | 한양대 행정학과

201 스칸디나비아 노인용 코하우징의 계획과 적용
최정신 외 | 가톨릭대 생활과학부

202 북한의 자연생태계
공우석 | 경희대 지리학과

203 통계로 이해하는 러시아
전홍찬 | 부산대 정치외교학과

204 사회복지법인의 경영과 회계
이동규 | 충남대 회계학과

205 의약분업 정책과정
차흥봉 | 한림대 사회복지학과

206 지역공동체와 평생교육
오혁진 | 동의대 평생교육학부

207 아동보호서비스의 실제
한미현 | 백석대 사회복지학부

208 그린마케팅
박재기 | 충남대 경영학부

209 아동권리와 아동복지
이혜원 | 성공회대 사회복지학과

210 국제 이주와 인도인 디아스포라
김경학 | 전남대 인류학과

211 질병과 의료의 사회학
조병희 | 서울대 보건대학원

212 북한이탈주민의 사회통합을 위한 지역복지실천의 모색
이기영 | 부산대 사회복지학과

213 치매노인케어론
조유향 | 초당대 간호학과

214 노인상담입문
서혜경 외 | 한림대 대학원 사회복지학과

215 '통일 이후 통일과정'으로서의 독일 통일영화
이준서 | 이화여대 독어독문학과

216 중국의 사회보장
오정수 | 충남대 사회복지학과

217 환경자원의 경제적 가치와 환경오염의 사회적 비용
김재홍 | 울산대 사회과학부

218 사회복지프로그램의 경제적 평가방법
박창제 외 | 상주대 사회복지학과

219 자유의지와 결정론
안건훈 | 강원대 철학과

220 심리학자들이 쓴 행복한 결혼의 심리학
채규만 외 | 성신여대 심리학과

221 현대 해석학 강의
양해림 | 충남대 철학과

222 한국인의 주거 빈곤과 공공주택
하성규 | 중앙대 도시및지역계획학과

223 IMF 경제위기와 한국 출산력의 변화
김두섭 | 한양대 사회학과

224 동아시아의 영토분쟁과 국제법
이석우 | 인하대 법학부

225 독일 복지국가와 사회복지서비스
정재훈 | 서울여대 사회사업학과

226 사회복지사를 위한 실용 비모수통계
엄명용 | 성균관대 사회복지학과

227 피해자학 연구
이윤호 | 동국대 경찰행정학과

228 광고언어창작론
박영준 외 | 부경대 국어국문학과

229 환경규제 패러다임의 전환
한철 | 한남대 법학과

230 고령사회의 노동환경변화와 고용 시스템의 문제점 및 법적 대응
고준기 | 국립군산대 법학과

231 세계화와 소득불평등
이성균 외 | 울산대 사회과학부

232 유비쿼터스 사회의 이해
안중호 외 | 서울대 경영학과

233 국제환경책임법론
박병도 | 건국대 법학과

234 한국의 선거와 민주주의
윤종빈 | 명지대 정치외교학과

235 한국 시민운동의 구조와 동학
조대엽 외 | 고려대 사회학과

236 또래관계
송영혜 | 대구대 재활심리학과

237 해외 한국기업과 현지인 노동자
석현호 외 | 에스콰이아학술문화재단

238 독일 국가복지에서 민간복지단체의 역할과 의미
차성환 외 | 한일장신대 사회복지학부

239 청정공학
조정호 | 동양대 생명화학공학과

240 한국전통연희론
심상교 | 부산교육대 국어교육학과

241 정신장애와 가족
서미경 | 경상대 사회복지학부

242 빈곤통계의 작성과 활용
김주환 | 동국대 정보통계학과

243 인터넷과 한국정치
강원택 | 숭실대 정치외교학과

244 북한의 시장경제이행
정영화 외 | 서경대 법학과

245 시스템사고로 본 지속가능한 도시
문태훈 | 중앙대 도시및지역계획학과

246 실버산업과 유비쿼터스 컴퓨팅
고일상 | 전남대 경영학부

247 재활상담과 사례관리
나운환 | 대구대 직업재활학과

248 영유아교육기관에서의 장애 이해 교육
유수옥 | 우석대 유아특수교육과

249 장애의 사회적 의미와 사회통합
박수경 | 대진대 사회복지학과

250 경제분석의 수리적 기초
조인성 | 공주대 경제통상학부

251 비영리부문의 비교연구
김승현 | 서울산업대 행정학과

252 고등교육경제학
반상진 | 전북대 교육학과

253 과학윤리교육의 이론과 방법
조희형 | 강원대 과학교육학부

254 결혼이민자가족의 이해
김오남 | 대불대 사회복지학과

255 동아시아 국가의 공공부조
신동면 | 경희대 사회과학부

256 특수아동 진단 및 평가
이나미 | 대불대 특수교육과

257 계약형 사회복지와 권리옹호시스템
이명현 | 경북대 상주캠퍼스 사회복지학과

258 실내공기질 및 위해성 관리
양원호 | 대구가톨릭대 산업보건학과

259 충남 방언 문법
한영목 | 충남대 국어국문학과

260 교육권론
노기호 | 군산대 법학과

261 도시경관계획론
임승빈 | 서울대 조경 · 지역시스템공학부

262 교통의 새로운 패러다임
김형철 | 경원대 도시계획 · 조경학부

263 노인의 삶의 질 향상을 위한 주거환경 디자인
천진희 | 상명대 디자인대학 실내디자인전공

264 사회복지와 문화
박병현 | 부산대 사회복지학과

265 장애인복지의 이론과 실제
이선우 | 인제대 사회복지학과

266 창의성 개발을 위한 디자인교육 콘텐츠
김선영 | 인천가톨릭대 조형예술대학 환경디자인학과

267 구성주의 사회복지 실천 기술론
고미영 | 서울신학대 사회복지학과

268 장애아교육학
김기흥 | 부산교육대 유아교육과

269 지역사회복지와 자원부문
한상진 외 | 울산대 사회학과

270 환경관리회계
육근효 | 부산외국어대 회계학부

271 인권 관점에서 보는 장애인복지
유동철 | 동의대 사회복지학과

272 정신증상
송지영 | 경희대 의과대학병원 신경정신과

273 사이버공간의 사회심리학
이성식 외 | 숭실대 정보사회학과

274 노인에 대한 사회적 돌봄과 돌봄서비스의 질 보장
최희경 | 신라대 가족노인복지학과

275 아동 심리치료의 실제
신현균 | 전남대 심리학과

276 사회복지와 위험관리
노충래 | 이화여대 사회복지전문대학원

277 국제 탄소시장의 이해
양승룡 | 고려대 식품자원경제학과

278 타자의 초상
신문수 | 서울대 영어교육과

279 한국정치와 환경정치
나정원 | 강원대 정치외교학과

280 북한이주민
윤인진 | 고려대 사회학과

281 음주의 사회경제적 비용
정우진 외 | 연세대 보건대학원

282 지방정치와 동북아 도시거버넌스
박재욱 | 신라대 행정학과

283 노숙인 복지론
남기철 | 동덕여대 사회복지학과

284 유럽통합과정과 지역협력
이규영 | 서강대 국제대학원

285 사회복지재정 연구
지은구 | 계명대 사회과학대학 사회복지학과

286 지역사회 교육개혁을 위한 시민사회 조직의 참여
김영화 | 홍익대 교육학과

287 복지사회를 대비한 국민연금의 구조개혁
박영석 외 | 서강대 경영학부

288 한미 FTA 지재권 협상에 따른 의약품 분야 사회후생 변화
오근엽 | 충남대 무역학과

289 산업입지, 환경 그리고 지역경제
이기동 외 | 계명대 국제통상학과

290 감성지능 개발을 통한 삶의 질 향상
김경수 외 | 전남대 경영학부

291 교육복지론
이용교 외 | 광주대 사회복지학부

292 인간과 행복에 대한 철학적 성찰
박찬국 | 서울대 철학과

293 유럽연합의 사회통합 사례와 교훈
이무성 | 명지대 정치외교학과

294 민영화와 사회후생
이상호 | 전남대 경제학부

295 북한의 교육학 체계 연구
최영표 외 | 동신대 교육대학원

296 한국 지속가능발전의 구조와 변동
정대연 | 제주대 사회학과

297 우리나라의 공익 연계 마케팅에 관한 연구
임승희 | 전주대 경영학부

298 시각장애인복지론
김영일 | 조선대 특수교육과

299 그린에너지와 환경촉매
정석진 | 경희대 화학공학과

300 취약학교 초등학생을 위한 온라인 보건교육 프로그램
박경옥 | 이화여대 보건관리학과

301 신탁제도를 통한 고령자의 보호와 지원
최수정 | 서강대 법학전문대학원

302 사회적 약자계층에 대한 실태분석 및 정책방안
이은우 외 | 울산대 경제학과

303 한류 문화와 동북아 공동체
최혜실 | 경희대 국어국문학과

304 노동유연화와 해고보호법
권혁 | 부산대 법학전문대학원

305 사회복지 위험관리의 이해
박미은 | 한남대 사회복지학과

306 의료기관의 회계와 세무
노준화 | 충남대 경영학부

307 여성인적자원의 전문성 확보를 위한 경력개발
백지연 | 이화여대 국제사무학과

308 정신병리
강선경 | 서강대 신학대학원

309 바다의 반란 적조
윤양호 | 전남대 해양기술학부

310 한국 장애인 복지 발달사
이성규 | 서울시립대 사회복지학과

311 서양예술 속의 동양 탐색
진상범 | 전북대 독어독문학과

312 한국인의 도덕성 발달 진단
문용린 | 서울대 교육학과

313 영국정치와 국가복지
고세훈 | 고려대 공공행정학부

314 인간학적 사유를 여는 중도 · 중복장애 교육학
이숙정 | 단국대 특수교육과

315 개별화 교육과정
이소현 | 이화여대 특수교육과

316 인간의 긍정적 성품
권석만 | 서울대 심리학과

317 지방자치와 지역여성의 전망
이혜숙 | 경상대 사회학과

318 한국 현대 노년소설 연구
전흥남 | 한려대 교양학부

319 정보격차 해소를 위한 창의적 정보교육 프로그램
이영준 외 | 한국교원대 컴퓨터교육과

320 한국 가족과 젠더
손승영 | 동덕여대 교양학부

321 한국의 복지혼합
김진욱 | 서강대 신학대학원

322 사회자본과 자원봉사
김태룡 외 | 상지대 행정학과

323 농촌교육복지연구
박삼철 | 단국대 교양학부

324 사회정체성 평가 차원에 대한 국제비교조사
이명진 | 고려대 사회학과

325 캐나다 복지국가 연구
조영훈 | 동의대 사회복지학과

326 한국의 소수자운동과 인권정책
전영평 외 | 서울대 행정대학원

327 한국과 미국의 보육서비스 전달체계와 품질 비교분석
김근세 외 | 성균관대 국정관리대학원

328 한국사회의 소득불평등과 국민 의료 이용
이용재 | 호서대 사회복지학과

329 정보시대의 인간안보
조화순 | 연세대 정치외교학과

330 가족의 사회경제적 특성과 아동발달
김광혁 | 전주대 사회복지학과

331 초 · 중 · 고등학생의 학업소진 진행과정 및 경로분석
이상민 | 고려대 교육학과

332 다문화사회의 사법통역
이지은 | 이화여대 통역번역대학원

333 동아시아 지역주의
유현석 | 경희대 정치외교학과

334 환경친화적 공공시설관리와 지역공동체의 삶의 질
이소영 | 중앙대 실내디자인 · 주거환경학과

335 의료보험의 법정책
김나경 | 성신여대 법과대학

336 양극화 시대 가족해체와 청소년의 적응에 관한 한국과 미국의 비교 연구
오승환 외 | 울산대 사회복지학과

337 기업의 사회적 책임과 지역경제사회 발전 연구
허영도 외 | 울산대 경영학부

338 노인의 삶의 질 향상을 위한 온라인 소셜 네트워크 구축 방안
김진우 | 연세대 경영학과

339 청소년 생활역량
윤명희 외 | 동의대 평생교육학과

340 외국인 배우자의 다양성과 국제결혼의 안정성
김두섭 | 한양대 사회학과

341 정보인권의 규범구체화
이민영 | 가톨릭대 법학과

342 한국 사회복지실천의 고유성
최성재 외 | 서울대 사회복지학과

343 스웨덴의 환경책임 실천모형
최희경 | 경북대 행정학부

344 자율운동과 주거공동체
윤수종 | 전남대 사회학과

345 한국인의 공공봉사동기
김상묵 | 서울과학기술대 행정학과

346 한국 이혼가정 아동의 성장
김혜숙 | 경인교육대 교육학과

347 동양 사상과 노인 복지
홍승표 외 | 계명대 사회학과

348 노동과 사회보장의 연계
오문완 | 울산대 법학과

349 학습장애 위험군 아동의 조기선별을 위한 읽기검사 표준화 연구
김애화 외 | 단국대 특수교육학과

350 신 · 재생에너지에 기초한 녹색성장과 사회통합
김인호 | 이화여대 법학전문대학원

351 문화교류역량과 다문화 경영이 기업 경영성과에 미치는 영향
임병학 외 | 부산외대 경영학부

352 빈곤영유아의 발달과 적응
정익중 외 | 이화여대 사회복지학과

353 민사법질서와 인권
양천수 | 영남대 법학전문대학원

354 성년후견제도와 사회복지제도의 연계
신권철 | 서울시립대 법학전문대학원

355 한국 다문화사회의 이방인
김순양 | 영남대 행정학과

356 현대 시민사회와 소비자계약법
이병준 | 한국외대 법학전문대학원

357 개인의 사회적 정보보호를 위한 공공 정보서비스 개선 연구
장항배 | 상명대 경영학과

358 여성교육투자에 대한 교육경제학적 탐색
백일우 외 | 연세대 교육학부

359 사회적 기업과 지속가능한 지역발전
임업 외 | 연세대 도시공학과

360 다문화가정 구성원에 대한 투트랙 한국어 교육방안 연구
박시균 | 군산대 국어국문학과

361 아시아의 빈곤과 한국기업의 역할
한인수 | 충남대 경영학부

362 유치원 · 초등학교 연계 환경교육
박희숙 | 공주대 유아교육학과

363 비정규 고용과 사회정책
구인회 외 | 서울대 사회복지학과

364 사생활의 자유에 관한 비교법적 연구
이창현 | 서강대 법학전문대학원

365 다중융합 환경 기반의 미디어스킨을 활용한 문화콘텐츠 디자인 적용방안에 관한 연구
오문석 외 | 광운대 미디어영상학부

366 북한이탈주민 여성의 성인식 관련 기초 조사
한인영 외 | 이화여대 사회복지학과

367 노인주택 파노라마
유선종 | 건국대 부동산학과

368 시설보호 청년의 적응
정선욱 | 덕성여대 사회복지학과

369 다수 집단과 소수 집단의 심리
김혜숙 | 아주대 심리학과

370 바이오 휴머니티
권택영 | 경희대 영어학부

371 프랑스 다문화교육의 이해
이경수 | 상명대 불어교육과

372 한 · 중 서비스산업의 비교분석과 교역 확대 방안
김상호 | 리츠메이칸 아시아태평양대 국제경영학부

373 현대의학에 있어서 생명의 시간과 인간의 존엄
김학태 | 한국외대 법학전문대학원

374 0~3세 영유아의 영상물 과몰입 실태 조사 및 정신건강증진 프로그램 개발과 적용
이경숙 | 한신대 재활학과

375 복지국가의 조세와 정치
양재진 외 | 연세대 행정학과

376 청소년기 자살행위 실태와 관련 요인
박선희 | 경희대 간호과학대학

377 기술혁신에 따른 지역 간 정보격차
최정혜 외 | 연세대 경영대학

378 한국 사회의 이중구조와 생애주기적 불평등
안상훈 편 | 서울대 사회복지학과

379 소비자의 친환경행동에 영향을 미치는 사회적 · 경제적 가치에 대한 고찰
송재기 | 텍사스테크대 경영학과

380 어머니 양육행동 관련 변인들과 유아 사회정서행동 간의 구조모형 분석
심숙영 | 숙명여대 원격대학원

381 조선족 여성, 동남아시아 여성 그리고 새터민의 적응 유형 분석 및 삶의 질 향상 방안 모색
정태연 | 중앙대 심리학과

382 세계의 연금, 한국의 연금
허만형 | 중앙대 공공인재학부

383 노인요양원과 문화 변화
최재성 | 연세대 사회복지학과

384 시민사회와 국제개발협력
손혁상 | 경희대 공공대학원

385 복지국가의 변화와 빈곤정책
김윤태 | 고려대 사회학과

386 다문화가정의 미디어 이용과 사회적 자본의 관계
진창현 | 경기대 경영학과

387 사회진출 대졸 초년생의 탄력성 변화 양상
이상민 | 고려대 교육학과

388 사회자본과 경제발전 그리고 정부의 질
도수관 | 대구가톨릭대 행정학과

389 망명과 귀환이주
서장원 | 고려대 독일문화학과

390 근거기반실천과 사회복지
김유진 | 경북대 사회복지학부

391 인터넷상 정보 유통에 대한 새로운 저작권 규율 방향 모색
박준석 | 서울대 법학전문대학원

392 한국 사회의 인종차별적 담화구조
이창수 | 한국외대 통역번역대학원

393 사회복지사의 사회복지 가치 지향
김용석 | 가톨릭대 사회복지학과

394 개인정보의 국제적 유통에 따른 법적 문제와 대책
박훤일 | 경희대 법학전문대학원

395 정신장애인의 인권
서미경 | 경상대 사회복지학과

396 취약계층 비만청소년들의 체중관리를 위한 건강증진 프로그램의 효과
김영호 | 서울과학기술대 스포츠과학과

397 한국 전통의 돈의 문학사, 나눔의 문화사
서신혜 | 한양대 창의 · 융합교육원

398 와이파이 공간과 모바일 정보 격차
이건학 | 서울대 사회과학대학

399 도시정비사업의 법적 쟁점과 해설
성중탁 | 경북대 법학전문대학원

400 사회서비스 제공기관의 조직요인과 성과
신창환 | 경북대 사회복지학부

401 도시 사운드스케이프 디자인
전진용 외 | 한양대 건축공학부

402 지방의회 의원윤리연구
김택 | 중원대 경찰행정학과

403 발달장애인 자립생활 증진을 위한 역량탐색 및 주거로서의 해결과제
김라경 | 광주교육대 교육학과

404 외국인고용제도개선과 인권
김상호 외 | 경상대 법과대학

405 사회복지연구에서 질적방법과 분석
김인숙 | 가톨릭대 사회복지학과

406 현대미술에서의 예술적 성장과 창의적 인재양성
백경미 | 울산과학기술원 기초과정부

407 현대인의 삶과 문화예술교육
곽삼근 | 이화여대 교육학과

408 문화적 배경과 체화된 인지
민동원 | 단국대 경영학부

409 아동 섭식행동평가 척도 표준화 및 섭식문제 현황 조사
정경미 | 연세대 심리학과

410 잊혀질 권리: 이상과 실현
문재완 | 한국외대 법학전문대학원

411 인권의 지역화: 일상생활의 인권 증진을 위하여
김중섭 | 경상대 사회학과

412 다문화 시대 이주민의 한국어 의사소통
민병곤 외 | 서울대 국어교육과

413 다문화 시대의 문화교육 커리큘럼
윤여탁 외 | 서울대 국어교육과

414 다문화 시대의 통일교육
박성춘 외 | 서울대 윤리교육과

415 다문화 시대 사회 통합을 위한 시민 교육
이진석 외 | 부산대 일반사회교육과

416 다문화 관련 법률 및 제도
박성혁 외 | 서울대 사회교육과

417 생태복원의 인문학적 상상력
김성도 외 | 고려대 언어학과

418 다국내 출생 다문화가정 청소년의 아픔과 분투: 사회적 차별로부터의 회복과 성장
서영석 | 연세대 교육학과

419 종교심리학의 이해: 죽음인식의 논의를 중심으로
김재영 | 서강대 종교학과

420 글로벌 시대의 사회통합: 세계적 추세와 한국의 위상
장용석 외 | 연세대 행정학과

421 소규모 사회적기업과 소셜미디어 마케팅
박철 | 고려대 글로벌비즈니스대학

422 동아시아 가면극의 역사와 전승양상
전경욱 | 고려대 국어교육과

423 무엇이 우리를 행복하게 하는가?
구교준 외 | 고려대 행정학과

424 디지털 중독의 이해와 대응 방안
오원석 외 | KAIST 경영대학

425 지속가능발전목표(SDG) 시대 한국의 복지와 행복지표 측정
한준 외 | 연세대 사회학과

426 지방정부 간 사회복지 불균형과 시민 행복
장용석 외 | 연세대 행정학과

427 일 · 여가의 변화와 행복 복지
유홍준 외 | 성균관대 사회학과

428 가족시간과 삶의 질
이윤석 외 | 서울시립대 도시사회학과

429 사회복지사의 유데모니아: 사회복지의 가치와 보람, 그리고 행복
송인한 외 | 연세대 사회복지대학원

430 행복을 위한 움직임
안문경 | 국민대 교양대학

431 읽기 장애 조기 선별검사의 측정학적 적합성 연구
여승수 | 부산교육대 유아교육학과

432 문화적 다양성과 창의성: 심리학적 관점
장재윤 | 서강대 심리학과

433 내일의 종언(終焉)? 가족자유주의와 사회재생산 위기
장경섭 | 서울대 사회학과

434 산림공유자원관리로서 금송계 연구
배수호 외 | 성균관대 행정학과

435 한국 경제발전의 문화적 기원: 추격성장, 발전국가 그리고 문화적 혼종성
김명수 | 한양대 정보사회학과

436 4차 산업혁명의 일자리 진화
이민화 | KAIST 미래전략대학원

437 금융 분야에 있어서 4차 산업혁명 시대와 일자리 대책
고동원 | 성균관대 법학전문대학원

438 노동의 디지털화와 산업노동의 미래: 독일 산업 4.0을 중심으로
임운택 | 계명대 사회학과

439 4차 산업혁명과 고등교육 개혁
김민희 외 | 대구대 교직부

440 4차 산업혁명과 일자리 정책의 미래
권혁 외 | 부산대 법학전문대학원

441 복지공급론: 보건복지의 수단과 체계
강창현 | 단국대 공공관리학과

442 생각 중심 교육
박주용 | 서울대 심리학과

443 청소년 독자의 정체성과 문식 활동
이순영 | 고려대 국어교육과

444 인간의 심리를 조작하는 사회공학기술
김석수 | 한남대 멀티미디어학부

445 한국사회 이타적 행동에 대한 이해
강철희 외 | 연세대 사회복지대학원

446 이주민의 사회적 배제: 세대 간 전이와 민족 계급화를 중심으로
최혜지 | 서울여대 사회복지학과

447 사회복지, 업의 변화와 마케팅
이원준 | 청주대 경영학과

448 충남 민속의 이해
이필영 | 한남대 역사교육과

449 한국 청소년들의 공동체지향목표
신종호 외 | 서울대 교육학과

450 저출산 · 고령화와 한국의 연금개혁: 세대 간 공정과 지속가능성
석재은 외 | 한림대 사회복지학과

451 지방 인구구조의 변화와 지역 사회복지 전달체계
기정훈 | 명지대 행정학과

452 고령 친화적 도시재생뉴딜: 일본의 고령 친화 주거지재생 정책 사례 연구
김현주 | 서울연구원 초빙 부연구위원

453 저출산의 심리적 요인: 저출산 원인의 심리학적 요인 분석을 중심으로
진경선 | 성신여대 심리학과

454 남자가 출산휴가를 간다면?: 아빠노동자 형성을 위한 남성 육아휴직 사례 연구
최새은 외 | 한국교원대 가정교육학과

455 한국 다문화 사회의 교육과 복지 실천
김영순 외 | 인하대 사회교육과

456 뉴미디어와 이주민: 소셜미디어시대 서울 지역 중국동포들의 미디어 이용과 적응
김용찬 | 연세대 언론홍보영상학부

457 제1기 헌법재판소: 헌법재판의 황무지에 단단한 초석을 놓다
임지봉 | 서강대 법학전문대학원

458 저소득층 초등학생을 위한 식생활교육 프로그램 개발: 심리 · 사회적, 영양학적 요인을 중심으로
김경원 외 | 서울여대 자연과학대학 식품영양학전공

459 지역공동체 참여의 이론과 현실: 지속가능하고 포용적인 공동체를 위한 대안의 모색
한상일 | 연세대 글로벌행정학과

460 한국가정과 다문화가정 내 배우자 폭력의 유형 및 특성 비교 연구
그레이스 정 | 서울대 아동가족학과

461 한국 유교 圖像의 역사
유권종 | 중앙대 철학과

462 기업과 노동의 사회 책임: CSR에서 ISO26000을 넘어 기업 인권으로
이승협 | 대구대 사회학과

463 청소년을 위한 긍정적 정신건강의 평가와 개입
고영건 | 고려대 학생상담센터

464 이주 시대의 젠더: '다문화' 한국사회와 필리핀 출신 여성들
김민정 | 강원대 문화인류학과

465 상식의 긴 팔: 과학하는 인간의 베이즈주의
여영서 | 동덕여대 교양대학

466 사회복지실천기록: 사회복지사의 기록실무를 위한 지침
백은령 외 | 총신대 사회복지학과

467 대한민국에서 난민으로 살아가기: 의미 탐색과 정책 과제
박순용 외 | 연세대 교육학부

468 다문화사회와 이주민 건강: 헬스커뮤니케이션 차원의 분석과 대안 모색
정의철 | 상지대 미디어영상광고학과

469 전통생태지식과 세대소통: 지속가능발전을 위한 사회생태기억 탐구
김고운 외 | 고려대 오정리질리언스연구원

아산재단연구보고서

001 한국인의 도덕성 연구
배해수 | 고려대 국문학과

002 산업화와 청소년 진로
이원호 | 울산대 교육학과

003 공동체의식과 시민운동
김영섭 | 한양대 행정학과

004 한국청년의 삶의 의미 충족도와 만족적 태도
안정수 | 경희대 철학과

005 중국조선족의 사회발전과 한 · 중관계의 위상
손장권 | 고려대 사회학과

006 해송림 "솔껍질깍지벌레"의 천적 및 주요 종의 생태
김규진 | 전남대 농생물학과

007 사회정의와 실천윤리
박종대 | 서강대 철학과

008 동구개혁의 영향
김달중 | 연세대 정치외교학과

009 한국청소년의 의식세계
김문조 | 고려대 사회학과

010 고강도 철근 콘크리트 구조의 실용화
정헌수 | 중앙대 건축학과

011 신기술의 연관형태 및 출현예측의 구조모형
권철신 | 성균관대 산업공학과

012 민간기업의 연구개발을 위한 조세정책
권영훈 | 한양대 경제학부

013 기술개발 활성화방안
송승구 | 울산대 화학공학부

014 부패의 현상과 진단
이문조 | 영남대 정치외교학부

015 연구투자의 지역적 편중화와 부산지역의 기초과학연구 활성화방안
윤웅찬 | 부산대 화학과

016 GATT의 신구 덤핑방지협정과 그 대응 방안
전창원 | 동국대 무역학과

017 한국사회의 도덕성 제고를 위한 진단과 처방
황경식 | 서울대 철학과

018 새로운 노사관계 방향
이진규 외 | 고려대 경영학과

019 21세기 동북아 정세예측과 한국의 전략적 대응방안
최평길 외 | 연세대 행정학과

020 소련의 한국에 대한 정책목표분석
신승권 | 한양대 정치외교학과

021 메모리 커패시터용 $Pb(Zr_xTi_{1-x})O_3$ 강유전체 박막의 제작과 특성
장지근 외 | 단국대 전자공학과

022 러시아 국제법학의 전통
김용구 | 서울대 외교학과

023 유럽연합의 현황과 전망
김동현 외 | 성균관대 행정학과

024 중국의 정치동원
송영우 외 | 건국대 정치외교학과

025 산업적 활용을 위한 이동로보트 시스템의 개발
박민용 외 | 연세대 전자공학과

026 중국조선족의 정치사회화과정과 동화적 국민통합의 방향
전인영 외 | 이화여대 사회생활학과

027 공적부조의 이론과 실제
최일섭 외 | 서울대 사회복지학과

028 대외통상환경의 변화와 법제개편
서헌제 | 중앙대 법학과

029 기업금융의 국제화
최생림 | 한양대 경영학부

030 자동차부품공업의 노사관계
김호진 외 | 고려대 행정학과

031 산업화 과정에서의 한국가족의 실태와 전망
정창수 외 | 성균관대 사회학과

032 공무원 가치관 실태와 정립방안
배병룡 외 | 경상대 행정학과

033 해외귀국청소년의 국내적응연구
이장영 | 국민대 사회학과

034 초고속정보통신망에서 LAN서비스 제공방안
이재용 | 연세대 전자공학과

035 WTO체제의 정책적 대응
김병진 외 | 경희대 행정학과

036 유럽의 통합정치
최수경 외 | 충남대 정치외교학과

037 유기질폐기물을 이용한 고단백사료원인 조류의 생산공정
최정우 외 | 서강대 화학공학과

038 초고속정보통신망의 수용성과 정책방향
박영상 외 | 한양대 신문방송학과

039 중국의 강남사회와 한중교섭
조영록 외 | 동국대 사학과

040 세계화시대의 사회 · 문화의식
신행철 외 | 제주대 사회학과

041 국내 외국인 노동자의 문제와 대책
성규탁 외 | 연세대 사회복지학과

042 노인인력 활용정책과 프로그램
김정후 외 | 강원대 법과대학

043 한일간 학술교류 현황과 활성화방안
정홍익 외 | 서울대 행정대학원

044 계량모형에 의한 한일 경제관계의 이해
김명직 외 | 한양대 경제학부

045 직장인의 음주행태와 삶의 질
진기남 외 | 연세대 보건행정학과

046 유통정보 시스템의 구조와 설계
정용길 | 충남대 경영학과

047 남북통일 이후 사회통합을 위한 교육의 역할
안기성 외 | 고려대 교육학과

048 대중음악에 심취한 청소년들의 심리적 특성
김인경 외 | 연세대 인간행동연구소

049 멀티미디어 시스템을 활용한 교육환경의 개선방안
김한일 | 제주대 컴퓨터교육학과

050 탈냉전기 한일관계의 쟁점
최상룡 | 고려대 정치외교학과

051 자치시대 새로운 '삶의 질' 지표의 모색
김형기 외 | 경북대 경제통상학부

052 유럽통합의 역내외 협력과 갈등
이호재 외 | 고려대 정치외교학과

053 21세기를 대비한 신노사관계
김재원 | 한양대 경제학부

054 대학의 시간제학생 등록제
안규철 외 | 전남대 교육학과

055 21세기에 대비한 방송통신정책
한진만 외 | 강원대 신문방송학과

056 주민참여를 통한 혐오시설 관리운영방안
박균성 외 | 경희대 법학부

057 여성의 정치적 권리인식과 정치참여
전경옥 외 | 숙명여대 정치외교학과

058 한국인 위장질환과 식생활 · 환경요인 및 *H. pylori* 감염과의 관계
이양자 외 | 연세대 식품영양학과

059 학생과 시민의 자원봉사활동
윤정일 외 | 서울대 교육학과

060 동북아 환경문제와 지역환경협력의 모색
신연재 외 | 울산대 정치외교학과

061 노인 자원봉사활동을 통한 사회통합 프로그램 개발
김동배 | 연세대 사회복지학과

062 물류정보 시스템
김태현 | 연세대 경영학과

063 전자식 문서교환을 이용한 항공화물 운송체계
민재형 | 서강대 경영학과

064 청소년과 성
이근후 | 이화여대 의과대학

065 민족통합과 무궁화호 위성의 남북한 공동활용방안
방정배 | 성균관대 신문방송학과

066 채식주의가 20대 여성의 영양상태와 에스트로겐 대사에 미치는 영향
성미경 | 숙명여대 식품영양학과

067 가상정보공간을 통한 지역개발 활성화 전략
유재천 외 | 한림대 언론정보학부

068 조산아 관리현황 및 정책수립 방안
박상기 외 | 조선대 의과대학

069 남북한관의 의식조사와 통일교육 개선 방안
김동규 외 | 고려대 북한학과

070 동양 전통 자연사상 탐구
장동순 | 충남대 환경공학과

071 초고속정보망의 시뮬레이터 구현
한기준 | 경북대 컴퓨터공학과

072 유통원가 시스템의 유효성
정다미 | 명지대 경영학과

073 국악과 문화관광의 만남
정익준 외 | 동아대 국제관광통상학부

074 기업의 지식경영 활용사례
김창은 | 명지대 산업공학과

075 선진국과 한국의 직업교육 · 훈련제도의 특성과 한계
정주연 | 고려대 경제학과

076 제주지역 성인 여성의 자원봉사활동
이상철 외 | 제주대 사회학과

077 M&A와 문화충돌 관리
박원우 | 서울대 경영학과

078 폐금속광산 인근 주민들의 중금속 오염실태
정종학 외 | 영남대 의학과

079 북한 농촌 · 농업실태와 인력자원개발 시스템을 통한 북한 농민의 구호방안
박성열 | 건국대 교육공학과

080 중소 소매점의 경쟁력과 소매성과
채명수 외 | 한국외대 무역학과

081 고령자를 위한 쾌적한 실내온도와 착의량의 설정
정운선 | 안동대 의류학과

082 지역문화 이벤트 PR
박종민 | 경희대 언론정보학부

083 인터넷 지역정보화의 실태와 전략
유평준 외 | 연세대 행정학과

084 여성 삶의 질 향상을 위한 사회교육 활성화 방안
김양희 | 중앙대 가족복지학과

085 벤처기업과 벤처금융
강대석 외 | 충남대 무역학과

086 구조조정기에 있어서 실업대책과 사회 안전망 구축
박천익 | 대구대 경제학과

087 한국 유아의 조기교육
이명조 외 | 한국외대 교육대학원

088 남북한 경제공동체 형성전략
이상만 | 중앙대 경제학과

089 지방자치회계의 투명성과 주민의 알 권리
권찬태 외 | 경북대 경영학부

090 정치지도자의 정책리더십
이해영 | 경일대 행정학과

091 경제위기와 한국인의 복지의식
신광영 외 | 중앙대 사회학과

092 북한의 노동
김강식 | 한국항공대 경영학과

093 우리나라 중소기업의 정보기술 활용 현황과 경쟁력 강화를 위한 제안
정승호 | 부산외대 정보시스템학과

094 인간배아복제의 법적 · 윤리적 문제점과 그 해결방안
최병규 | 한경대 법학부

095 가치변화에 따른 투표행태
조찬래 외 | 충남대 정치외교학과

096 인터넷 경매에서의 계약체결과 소비자 보호
이기수 외 | 고려대 법과대학

097 세계화시대 남북한 통합의 방향과 과제
윤민재 | 서울대 사회발전연구소

098 글로벌 시대 지방정부의 문화마케팅 전략
박흥식 | 중앙대 행정학과

099 대졸여성실업의 실태분석 및 대학-노동시장 간 효율적 연계방안
이은우 외 | 울산대 사회과학부

100 그린 투어리즘의 분석
이응진 | 대구대 관광학부

101 지방자치단체장의 부정부패
오일환 | 한양대 아태지역연구센터

102 산업화가 유교체제하 중국여성의 지위에 미친 영향
천성림 | 배재대 사회과학연구소

103 움직이는 말하기
유혜숙 외 | 나사렛대 교양학부

104 장애학생을 위한 특수교육공학의 활용
김용욱 | 대구대 중등특수교육과

105 지식기반사회의 평생교육 이해와 평생교육 프로그램 개발
박성열 | 건국대 교육공학과

106 N세대의 미술교육
김동철 | 대구교육대 미술교육학과

107 노후계획과 투자
권택호 | 여수대 국제통상학과

108 영화산업
양영철 | 경성대 연극영화학부

109 동유럽의 변혁과 언론의 역할
정대수 | 경남대 정치언론학부

110 환율, 임금, 물가가 국제경쟁력 및 수출입산업에 미치는 영향
하인봉 | 경북대 경제통상학부

111 일본기업의 기술혁신 전략
위정현 | 중앙대 상경학부

112 노후보장정책과 역저당연금제도
조덕호 외 | 대구대 행정학과

113 유비쿼터스 라이프와 미래 사회
김석수 | 한남대 멀티미디어공학과

114 죽음과 관련된 생명윤리적 문제들
구인회 | 가톨릭의과대 인문사회과학교실

115 경제적 세계화와 빈곤문제, 그리고 국가
김준현 | 한일장신대 인문사회과학부

116 한국의 세계불교유산
김종명 | 한국학중앙연구원 한국학대학원

117 복지레저서비스론
고태규 | 한림대 국제학부

118 자생적 철학체계로서 인간중심철학
선우현 | 청주교대 윤리교육과

119 전략적 통합과 한반도 평화체제
김승채 | 고려대 정책대학원

120 환경사법론
전경운 | 경희대 법학부

121 인터넷 자료를 통해 본 한국의 이혼문화와 사회복지
성정현 외 | 협성대 사회복지학과

122 유럽연합의 사회정책에 관한 연구
문진영 | 서강대 신학대학원 사회복지학과

123 여성건강의 통합적 관점
김혜원 | 관동대 간호학과

124 복잡계 네트워크 과학
강병남 | 서울대 물리천문학부

125 경제적인 3세대 전원주택 개발
박근준 | 호서대 건축공학과

126 사회복지와 인적자원개발
이상일 | 인제대 국제경상학부